IIJIMA Nami's homemade taste

IIJIMA Nami's homemade taste

LIFE 12か月

主菜　飯島奈美

前菜　重松清

写真　大江弘之

目次

四月

凡例

しょうゆ
こいくちしょうゆを使っています。

塩
海水を釜炊きした「粗塩」を使っています。
粒の細かい塩の場合は、少なめにお使いください。

油
太白ごま油や米油を使っています。
お好みで、香りやクセの少ないものをお使いください。

砂糖
さとうきびのザラメ糖を使っています。
上白糖やグラニュー糖でもかまいません。

バター
有塩のものを使っています。200gのバターなら、
1箱を20等分しておくと使うときに便利です。

ひとつまみ
親指、人さし指、中指でつまむ。

少々
親指と人さし指でつまむ。

野菜・くだものの皮
基本的に皮を剥いて使います。
例外については適宜レシピで説明をしています。

梅干し

梅と塩だけの、塩分濃度20%のものを使っています。

梅酢

梅干しを漬ける最初の工程でできる
「白梅酢」を使っています。

だし

かつおぶしと昆布で取っています。
200㎖の場合、大きめの切手大に切った昆布1枚に、
かつおぶし6g、水200㎖。
1000㎖の場合、10㎝角の昆布1枚に、
かつおぶし20~30g、水1000㎖を用意します。
鍋に水と昆布を入れ、30分以上浸しておいたものを
弱めの中火にかけ、沸騰直前に昆布を取り出し、
火を止め、かつおぶしを加えて
2~3分経ったら濾します。
味をみながら取ることをおすすめします。

お酒

日本酒、ワインについては、料理専用のものではなく、
飲んでおいしいと思うものを使っています。

みりん

本みりんを使っています。

お米の炊き方

米をボウルに入れて水を注いだら、
さっと混ぜ、すぐに水を流します。
2~3回水を替えて、手早く洗います。
お米に合わせた分量の水(新米の場合は少し減らして)に
30分~1時間浸し、丸くふっくらと、
米粒が白くなるまでおいてから炊飯します。
鍋で炊くときは、蓋をして、
中火より少し強火で沸騰するまで加熱、
沸騰したらごく弱火にして12分、最後に強火で30秒。
火を止めてから10分蒸らし、さっくり混ぜます。

一月

定年オヤジ、百獣の王になりきれず？

粕汁うどん

島村さんは、秋の終わりに満六十歳の定年を迎えた。再雇用で会社には変わらず通っていても、残業のない毎日は、まことに坦々としたものである。

毎日夕方六時には帰宅して、長い夜が始まる。日曜日ともなれば、長い朝、長い昼、長い夕方……『サザエさん』のオープニング曲が聞こえると、やれやれ、やっとここまで来たか、とホッとする。現役の頃は、同じ曲に休日がもうじき終わる寂しさを感じ、月曜日からの仕事を思ってげんなりもしていたのだが、いまはむしろ月曜日が待ち遠しい——会社にはべつに待たれているわけではない、というのがツラいところなのだが。

我が家での時間を持て余すと、ろくなことにならない。定年の先輩を見ているとよくわかる。ついつい会社帰りの寄り道が増えて、財布にも、体にも、そして夫婦仲にも、さまざまなダメージを受けてしまうのだ。

そんな島村さんに、町内会の会合から帰って来た奥さんが「ねえねえ」と声をかけた。

「獅子舞《ししまい》をやってみない？」

「獅子舞ってアレか、あの、正月の……」

「そうそう、縁起モノ。口を開けて、カチカチカチッて」

ご近所の八幡神社は、境内と公民館が隣り合っていることもあって、常日頃から町内会と付き合いが深い。初詣から師走の煤払いに至るまで、八幡さまの年中行事に町内会の手伝いは欠かせないし、町内会も神社の年中行事を身近なイベントとして重宝している。

「でも、せっかくなら、裏方で手伝うだけじゃなくて、これからはもっと積極的にかかわって、人集めのところから盛り上げていこう、ってことになったわけ」

その手始めとして、年明け早々——一月十五日の小正月におこなわれる「どんど焼き」を盛り上げることになった。

「だったら獅子舞なんていいんじゃないか、って」

すると、会合に出席していたスーパーマーケットの副店長も「じゃあ、ウチでも特売をするので、獅子舞で客寄せをしてもらえませんか」と乗ってきて、話が一気に具体化したのだ。

イベント会社に頼めば簡単なのだが、お金もかかる。

「でもね」

奥さんの話は、ここからが本題だった。

「みんなと話してみたら、ウチの町内、意外と人材豊富なのよ」

それは、つまり——。

「ウチみたいに定年になって、わりと時間に融通の利くお父さん、たくさんいるんだって」

言い方はソフトでも、要は、暇を持て余しているオヤジがいる、ということである。

「道具だけレンタルして、定年のお父さんたちに練習してもらえばいいじゃない、ってことになって……そうすれば、経費節減にもなるし、皆さんだって、新しいことにチャレンジするのって大事でしょ。生き甲斐、生き甲斐」

奥さんは口に出さなかったが、獅子舞の練習にはもう一つ、大きなメリットがある。

なにかと忙しい師走の日々、ダンナに獅子舞の練習という名目で外に出ていてもらうのは、奥さんにとってもありがたい。近所の定年オヤジたちも皆、それぞれに我が家での時間を持て余し、かつ、家族からは持て余されているのである。


「どう？　面白そうじゃない？」

「……厄介払いされてる気もするけどなあ」

島村さん、鋭く見抜いた。定年になって以来、会社でもなにかと若手の言葉の「裏」を探る癖がついたのだ。

「そんなことないって。やだぁ、もう。とにかく、新しいことにチャレンジするのって、大事よ、大事」

「まあ……じゃあ、やってみるか」

他の定年オヤジたちも皆、奥さんに背中を押されて、しかたなく公民館に集まった。十二月半ば——現役の時代なら連夜の忘年会でヘトヘトになっていた頃である。

最初は気勢の上がらないまま、ＹｏｕＴｕｂｅに上がっていた動画の見よう見まねで体を動かすだけだった。しかし、いざ始めてみると、これがなかなか面白い。脚をガニ股にして踊りながら歩くのは疲れるし、獅子頭《ししがしら》を振りながら口をカチカチ鳴らすのにもコツが要る。そのしんどさや難しさが、いいのだ。試行錯誤を繰り返しながら、少しずつ前に進んでいく心地よさを味わうのは、思えば、ずいぶんひさしぶりだった。

島村さんだけではない。オヤジたちはそろって獅子舞に夢中になった。「本番までにとりあえず二、三回やってみて、様子を見ましょうか」という話で始めた練習を、自主的に、満場一致で、「どうせなら毎晩やりましょう！」と切り換えた。年の瀬はぎりぎりまで、正月も三が日が明けるのを待ちかねて、練習に励み、練習後にはささやかな酒宴を愉しんだのである。

そして本番――。

三つの班に分かれて舞うことになった。島村さんの班は、まずスーパーマーケットに向かい、神社に戻って、さらに町内を練り歩く。他の二つの班も同じポイントを順序を変えて回るので、どこにいても三回ずつ獅子舞を愉しめるのだ。

午後一時の出発を前に、オヤジたちは公民館で「がんばりましょう！」「夕方にうまい酒を飲みましょう！」と健闘を誓い合った。

舞はすっかりマスターした。上手くなれば欲も出る。今年はお囃子《はやし》は録音したものを使ったが、来年は演奏のメンバーも加えて、ぜひナマでやりたい。

オヤジたちは、獅子舞を今年かぎりで終えるのではなく、町内の恒例イベントとして育てようとしているのだ。そうすれば、今年の面々は創設メンバーとして語り継がれる。歴史に名を刻むのはオヤジの本懐なのだ。そのためにも、まずは今年の獅子舞を成功させなければ……。

準備が整って境内に並んだ三頭の獅子を、奥さんたちが拍手と歓声で見送ってくれた。奥さんたちは、これから公民館の台所で料理に取りかかる。寒空の下でがんばってきたオヤジたちを心尽くしのごちそうでねぎらうのだ。

それを愉しみに、島村さんは張り切って神社を出た。景気づけに獅子の口をカチカチッと鳴らすと、奥さんが「がんばって！」と手を振って声援を送ってくれた。

だが、現実は甘くなかった。

島村さんは、ひたすら悪戦苦闘を強いられた。

最初に向かったスーパーマーケットでは子どもたちに怖がられ、泣かれて、ヤンキー風の若い親に文句をつけられてしまう。子育ては奥さんに任せきりだった島村さん、泣いた子どもにどう対処すればいいかの経験値がまるっきり不足しているのだ。

神社でも同様。おばさんたちが立ち話をしているところに割って入って邪魔をしたり、デート中のカップルにヒンシュクを買ったり、ヤンチャな中学生に獅子頭を奪われそうになったり、と失態を繰り返した。

さらに街を練り歩いていたら……そもそも、「自分の街」なのに、自宅から駅までの道しかほとんど知らないのだ。そこに獅子頭をかぶった視野の狭さが加わって、途中で道に迷ってしまって……。


島村さんはがっくりと落ち込んで神社に戻った。道に迷ったせいで帰りが遅くなってしまい、他の班はすでに境内にいた。

「……どうも、お疲れさま」

元気なく声をかけると、島村さんを迎えるオヤジたちもまた、しょぼくれた顔をしていた。

「どうしたんですか？　公民館に行かないんですか？」

「うん、まあ……」

行かないのではない。行けないのだ。最年長オヤジの白石さんがみんなの本音を代弁して、「どのツラ下げてカミさんに会えばいいのか、わかんなくてさ」と、力なく笑った。


他のメンバーも皆、失敗つづきだったという。獅子頭を塀や電柱にぶつけたり、腰を痛めたり、唐草文の布を破ってしまったり……。失敗の理由はすべて「勢い余って」――なにごともムダに張り切りすぎてしまうのがオヤジなのだ。

オヤジたちは、誰からともなく、境内の真ん中でたちのぼる「どんど焼き」の煙を見上げた。

「『どんど焼き』って、書き初めや正月飾りを焼くんだよな」

誰かがぽつりと言うと、別の誰かが「用済みになったものを処分するってことだよ」と応え、さらに別の誰かが「正月が終われば、あとはもう邪魔なだけなんだから」と続けた。

話が途切れた。オヤジたちは皆、しばらく無言で煙を見つめた。


「行きましょう」

島村さんが言った。「公民館でごちそうが待ってますよ」

その一言をきっかけに、重かった沈黙がふわっとゆるんだ。

みんなも気を取り直して「よーし、反省会だ」「最初はこんなものだよ、なんでも」「伸びしろ、伸びしろ」と笑い合う。

立ち直りは早い。現役の頃より早くなった。そうでなければ、これから大変だものな――誰もが気づいている。今後もなにかにつけて失敗は続くだろう。昔はできたことができなかったり、思いどおりに体が動かなかったり、いままで気づいていなかったアタマの固さと古さを思い知らされたり……。

それでも、自分なりにがんばるしかない。先は長い。昇り竜にはもうなれなくても、悠々とした獅子の歩みは、下り坂でこそ映える、かもしれない。

「さあ、メシだ、メシ」「寒かったなあ、今日は」「でも面白かったですよ」「うん、ひさびさに面白かった」「よかった」「がんばった」……。

島村さんは「ひさびさ」の言葉の重みと苦みを微妙に感じつつ、それが「最後」ではないことを祈りつつ、神社の本殿を振り向いて、小さく一礼した。

「じゃあ、行きましょうか」「腹、減ったなあ」「寒い寒い」……。

三頭の獅子は、いまになってリラックスした身のこなしを見せて、カチカチと口を鳴らしながら、公民館へ向かった。

粕汁うどん

粕汁うどん

元気のないお父さん（島村さん）と、くよくよする「オヤジ仲間」のみんなに、「がんばったじゃないの！」と励ます奥さん。その気持ちをたっぷりこめつつ、お雑煮の材料の残り（おもちやかまぼこ）も使いきりたい、というところもあります。そしてもちろん「みんなで、寒いなか、表で食べる」ことを念頭においた大鍋レシピ。あたたまる酒粕も入っていますし、しょうがや七味とうがらしも加えて、味変も楽しめますよね。

材料（4人分）

- 冷凍うどん —— 4玉
- もち —— 4個
- 鶏もも肉 —— 1枚（250g）
- だいこん —— 8cm
- にんじん —— ½本
- ごぼう —— ⅓本
- さといも —— 3個
- 干ししいたけ（戻しておく） —— 3枚
- 長ねぎ —— ½本
- かまぼこ —— 薄切り4枚
- だし（かつおぶし・昆布） —— 1500mℓ
- 酒粕 —— 100g
- みそ —— 大さじ4
- しょうゆ —— 適量
- 湯 —— 100mℓ
- おろししょうが —— お好みで
- 七味とうがらし —— お好みで

つくりかた

❶だいこん、にんじんは、いちょう切りにします。
ごぼうはささがきにし、水にさらしておきます。
さといもは６等分程度に。
長ねぎは８㎜の小口切りに、
戻した干ししいたけは石づきを取り
薄切りにしておきます。

❷鶏もも肉を一口大のそぎ切りに、
かまぼこをいちょう切りにします。
酒粕は、湯を加えて溶かしておきましょう。

❸鍋にだしとだいこん、にんじん、
水を切ったごぼう、さといも、
干ししいたけを加え火にかけます。
ひと煮立ちしたら火を弱め、
鶏もも肉、かまぼこを加え、
時々アクを取りながら、
根菜がやわらかくなるまで煮ます。

❹溶いた酒粕と、みそを加えて
しょうゆ少々で味をととのえ、
仕上げに長ねぎを加えます。

❺オーブントースターで、
もちを焼き目がつくまで焼きます。
別鍋で湯を沸かして冷凍うどんを茹で、
④の粕汁に加えます。
ひと煮立ちしたら丼に盛り付け、
焼いたもちをのせます。

❻おろししょうが、七味とうがらしを添えてどうぞ。

二月

ウチの弟、いいヤツなんだから……

チョコ風味のポークシチュー
きのこバターご飯
モッツァレラチーズとフルーツのサラダ
にんじんラペ

ウチの弟、四つ下で、マジ、いいヤツなんだけど
――というのが、和輝について友だちに話すときのフミちゃんの口癖だった。

ポイントは「なんだけど」の部分にある。

和輝はちょっと性格がおとなしい。勉強でもスポーツでもそこそこデキるほうなのに、控えめで、のんびりしているところが玉にキズ……でも、ほんのちょっとのはずのキズが致命傷になってしまうのが、いまどきのワカゾーたちの世界なのだ。

だから、二月十四日のバレンタインデーは、我が家にとってはドキドキの日――。

和輝は、今年こそ、チョコをもらえるのか。

フミちゃんは心配でたまらない。

お母さんには「そんなのどうだっていいじゃない」とあきれられ、「チョコをあげる相手が毎年変わるあんたのほうが心配よ」とつっこまれるのだが、フミちゃんは根っから恋愛体質というか、「モテ」が青春の価値観のすべてだと考えるタイプである。そんなフミちゃんにとっては、やはり、いいヤツの和輝が、いいヤツであるがゆえに「モテ」に縁遠いのが悔しくて、もどかしいのだ。

中学一年生までは、お母さんとフミちゃんがそれぞれチョコを買ってプレゼントした。もっとも、フミちゃんの真の狙いは「お礼に半分コしてよ」で、自分の食べたいチョコしか買わなかったのだが。

小学生の頃の和輝は、無邪気にチョコをもらっていた。バレンタインデーを特に意識することもない。もともと「モテ」に執着がないというか、奥手の少年なのだ。

だが、中学生になると、さすがに学校でも「チョコをもらえる男子／もらえない男子」の格差が生じてくる。和輝も、自分が「もらえない男子」サイドにいることに、ビミョーなコンプレックスを感じるようになってきた。


中学一年生のバレンタインデーで、お母さんとフミちゃんからチョコをもらった和輝は、初めてムッとした顔になった。

「ただでチョコもらえるのに、なにふてくされてるの

よ」

ぷんぷん怒っていたフミちゃんも、じつは悔しいのだ。

和輝って、ほんとに素直でいいヤツなのに、どうして同級生の女のコはその魅力をわからないんだろう、男を見る目のないコばかりなんじゃないか……。


中学二年生のバレンタインデーも空振りだった。

しかも、毎年お決まりの母&姉からのチョコを「いい、要らない、虫歯になるから」と、初めて拒んだ。フミちゃんがしつこく手渡そうとすると、「オレ、昨日からダイエット中！」——晩ごはんもお風呂もまだなのに、自分の部屋に駆け込んで、それっきりだった。

夜遅く帰宅したお父さんは、お母さんから経緯を聞くと、うーん、と腕組みして言った。

「オトコって意外とデリケートなんだから、そっとしておいてやれよ」

オレだって……と、会社でもらったチョコをバッグから取り出しながら続けた。「五十歳近くになっても、チョコをもらうと一瞬ドキッとして、『義理』なんだよなあ、って落ち込むんだから」

「そろそろ家族からもらうチョコも卒業かしらね」

お母さんがため息交じりに言うと、お父さんは珍しくしかつめらしい顔になって、「それはそうだ、そんなのかえって屈辱なんだからな」——お父さんも、どうやら、若い頃は基本的に「もらえない男子」サイドにいたようなのだ。


中学三年生のバレンタインデー。

やはり和輝にチョコをもらった気配はない。しかし、まあ、今年はしかたない。なにしろ高校入試直前なのだ。女子だって忙しいはずだ。お母さんは、和輝がチョコをもらえなかった大義名分ができてホッとしていたが、フミちゃんの発想はむしろ逆。受験前に「がんばってね♡」と贈るチョコこそに意義があるのだ。

いずれにしても、去年のことを思うと、よけいな刺激を与えてはいけない。お母さんもフミちゃんも、この年はさすがに家族のチョコを自粛せざるをえなかった。

お母さんは「来年は、もういいよね。和輝も高校生なんだから、お母さんからチョコもらうのも恥ずかしいし、イヤでしょ?」と、これを機にリタイアを宣言した。しかし、フミちゃんとしては物足りない。これからずーっとチョコなしの二月十四日なんて寂しすぎるよ、と思いかけて……ダメダメダメッと打ち消した。姉ともあろう者が和輝にカノジョができる可能性を捨てて去ってどーすんの、と自分を叱った。

そして、今年——高校一年生になった和輝は、バレンタインデーを迎えた。

志望校にめでたく合格し、フミちゃんが案じていた高校デビューもなんとかセーフ。おとなしくて口数の少ないところは相変わらずだが、美術部で黙々とスケッチを愉しみ、おとなしめの男子の友だちもできた様子だ。しかし、やはり「モテ」の気配は、いっこうに伝わってこない……。

数日前、フミちゃんはお母さんに直訴《じきそ》した。

「バレンタインのチョコって、ただの告白じゃないんだよ」

「じゃあ、なに?」

「『あなたのことを大好きなわたしがいるんです』って伝えることは、逆に言えば、『オレのことを大好きだと思ってくれるコがいるんだ』っていうわけで、それって、なんていうか、自分が生きる励みとか支えになってくれると思うんだよね」

……自分でもなにを言っているのかよくわからない。ただ、とにかく、大好きな弟を認めてくれる、好きになってくれる人がいてほしいのだ。だから、せめて家族だけはチョコを渡したい。「和輝、あんたはいいヤツなんだよ!」「大好きだよ!」と伝えたい。

しかし、チョコをストレートに渡すと、おととしのように和輝に拒まれてしまうかもしれない。そうなるとサイテーだ。

「ねえ、お母さん、チョコを使った料理ってなにかないの? こっそりチョコを入れて、和輝に食べさせて、最後にタネ明かしで、どう?」

お母さんは、「そういえば……」と、お父さんとお母さんの学生時代の思い出を教えてくれた。キャンパス近くのトンカツ屋さんの名物が、ロースの一枚肉と板チョコを一緒に揚げた『チョコとん』だったらしい。

だが、フミちゃんは「そんな単純なものじゃなくて、ちゃんと考えようよ!」と譲らない。

チョコを使ったディナー、なにかできない?

いいヤツなんだけど「モテ」とは無縁の和輝に、「がんばれ、がんばれ、あんたいいヤツだからね、がんばって！」と伝えてあげるごちそう、お母さん、なにかないの……？

当日、帰宅した和輝は、ふだんと変わらず、おとなしい。特に落ち込んでいる様子はなかったが、思いがけない僥倖《ぎょうこう》に興奮しているわけでもない。

やっぱりダメだったんだろうなあ……とフミちゃんは察して、キッチンでお母さんとともに料理にいそしんだ。

夕食の時間になった。

チョコ入りディナーの秘密を守るべく、フミちゃんは、ついつい、いつにも増しておしゃべりになってしまった。

和輝は何度か「あのさ……」と言いかけたが、フミちゃんのおしゃべりに負けて話が続かない。

「おいしい？」「おいしい？」「おいしいよね？」「ねえ、おいしいでしょ？」

フミちゃんの言葉は、途中からその連発になってしまった。

和輝は怪訝《けげん》そうに「うん、まあ……」と言うだけだったが、こういうときのリアクションが薄いのは覚悟している。

フミちゃん、自分でも食べてみた。

おおっ。

いい、お母さん、グッジョブ！　わたしもよくがんばった！

意外とおいしいのだ、うん、すごくいい！

夕食が終わりかけた頃、そろそろタネ明かししようかな、とタイミングを測っていたら、和輝がボソッと――。

「あのさ、お姉ちゃん、デザートでチョコ食べる？」って？

それ、つまり、どういうことかっていうと……。

もらっていたのだ！

びっくり……もちろん、うれしい……でも、ビミョーに寂しくもあって……。

フミちゃんは動揺を必死に押し隠して、余裕の笑みを浮かべて、でも震える声で言った。

「ねえ、うん、そうね、そのコ、今度、うん、いいんじゃない？　ウチに連れておいでよ」

するると、和輝は素直ににっこり笑い、落ち着き払った様子で言った。

「うん、あいつも、お姉ちゃんに会いたがってたから」

あいつ――！
もう、そこまで――！

チョコの料理、スイートだけど、なぜだろう、最後にほんのちょっとだけビターになってしまった。

でも、おいしかった。思いっきりおいしくて……うれしい。

まだ名前も教えてもらっていない「あいつ」さん、ウチの弟を、これから、よろしく。

ところで、和輝、ホワイトデーのプレゼント、だいじょうぶなの？

チョコ風味のポークシチュー

チョコ風味のポークシチュー

　重松さんからいただいた「チョコレートを使った料理」というテーマが、12か月でいちばんの難題でした。考えたのは、しっかりチョコレートにしすぎてしまうと、普通の男子である弟・和輝に「やめてくれよ〜」と言われてしまいそうということ。だから、わからないかも？というくらいのバランスを見極めるべく、チョコの量を変えて、何回も試作しました。そもそもチョコレートは、カレーにコクや苦みを加える調味料として使われますし、メキシコ料理ではソースの主役になることもあります（鶏肉を煮込む料理があるんです）。今回は、チョコレートに合う調味料として、オレンジの皮、チリパウダーを使いました。以前パリで「豚の血のスープ」を食べたとき、オレンジピールやカカオニブなどの粒々が入っていて、そのおいしさ、組み合わせがレシピ構築のヒントになりました。結果、家庭で女子チーム（お母さんと、フミちゃん）がこの料理づくりでワイワイ楽しんでいる、というニュアンスも出たように思います。

材料（4人分）

豚肩ロース肉 ―― 800〜900g
たまねぎ ―― 1個＋½個
にんにく ―― 1片
プルーン ―― 50g
マッシュルーム ―― 10個
ビターチョコレート ―― 20g
バター ―― 20g
オリーブオイル ―― 大さじ1
赤ワイン ―― 400㎖
ローリエ ―― 1枚
鶏スープ（顆粒タイプを溶かしても※）―― 300㎖
ホールトマト ―― 1缶
ケチャップ ―― 大さじ3
塩 ―― 小さじ½＋小さじ2弱
こしょう ―― 適量
薄力粉 ―― 大さじ3
チリパウダー ―― 適量
オレンジの皮 ―― 少々

※顆粒タイプは塩分があるので、⑥で塩を加えるさい、少しずつ入れ、味をみて、ととのえてください。

つくりかた

❶豚肩ロースを厚み2㎝に切り、塩小さじ½、こしょう少々をふり、薄力粉をまぶします。

❷たまねぎ1個は十字に4等分し、繊維を断ち切るように薄切りに。さらに½個をくし切りにしておきます。にんにくも薄切りに、プルーンをざく切りにし、マッシュルームを半分に切ります。ビターチョコレートは刻んでおきます。

❸鍋にバター10gを熱し、たまねぎの薄切りを加え、弱めの中火であめ色になるまで混ぜながら炒めます。

❹フライパンにオリーブオイルを熱し、①を加え、強めの中火で加熱します。表面に焼き目がついたら③に入れ、赤ワインを加え、ひと煮立ちさせ、出てきたアクを取ります。

❺にんにく、ローリエ、鶏スープ、ホールトマト、ケチャップ、プルーンを加え、沸騰したら弱火にし蓋をして30分煮ます。

❻フライパンにバター10gを熱し、マッシュルーム、くし切りのたまねぎを加えて炒め、焼き目がついたら⑤に入れ、20分煮ます。塩小さじ2弱、こしょう少々で味をみながらととのえ、チョコレート、チリパウダーを加えて混ぜます。

❼器に盛り、すりおろしたオレンジの皮をのせてできあがりです。

きのこバターご飯

焼いたしいたけを入れ、昆布のだしで炊いたご飯に、最後にバターを混ぜます。これはきっとフミちゃんじゃなくって「お母さんのレシピ」。ここのおうちで、シチューものを食べるときの定番、という設定です。

材料（3人分）

米——2合
しいたけ（生）——4枚
昆布——5g
塩——小さじ1強
油——大さじ½
バター——5g

つくりかた

❶米を洗って30分水に浸します。
しいたけは石づきを取り
半分に切ってから薄切りにします。

❷フライパンに油をひき、
しいたけを加え中火でしっかり焼きます。
（あまり動かさず、じっくりと加熱して水分をとばします。）

❸炊飯器に米、分量の水、塩を加えざっと混ぜ、
昆布と②のしいたけをのせて炊飯します。

❹炊き上がったら昆布を取り出し、
バターを加えてさっくり混ぜれば
できあがりです。

モッツァレラチーズとフルーツのサラダ

料理に興味がある女の子、フミちゃんが思いつきそうなメニューを考えました。「桃モッツァレラ」が流行したのを知っているのかもしれませんね。でも、梅酢を使ったのは、お母さんからのヒント。もしかして最初は「えーっ?」と抵抗があったのかもしれませんが「梅も、フルーツよ?」と言われて、すんなり「そっか」。つくってみたら意外なおいしさでびっくり。ちなみに今回のレシピでは、いちごを全量、半分にカットしていますが、半量をつぶして、ドレッシングに使うというのも、いいですよ。オレンジの皮は、シチューの調味料として使います。

材料(3〜4人分)

オレンジ ——— 1個
いちご ——— 5粒
モッツァレラチーズ ——— 1個(100g)
オリーブオイル ——— 大さじ1と½
梅酢 ——— 大さじ1と½
ミント ——— 少々

つくりかた

❶オレンジの皮を剝いて一口大に切ります。いちごはヘタを取り半分に、モッツァレラチーズも一口大に切っておきましょう。

❷器に①を盛り、オリーブオイル、梅酢を回しかけ、ミントを散らせばできあがりです。

にんじんラペ

フミちゃんとお母さんが、シチューのおともにつくる、とっても基本的なフランスのお惣菜です。色々な作り方があります。ナッツやパセリ、オレンジを入れることもあります。レシピも本場のものに近づけました。ひょっとしてお母さんは、お塩が好きで、こういうときにはゲランドの海塩やカマルグのフルール・ド・セルを使うのかもしれませんね。十二月の章で優華ちゃんがつくる「梅にんじんラペ」とは、また別のレシピですから、両方、ためしてみてくださいね。

材料（つくりやすい分量）

にんじん――2本（400g）
塩――小さじ⅔
白ワインビネガー――大さじ2
フレンチマスタード――小さじ½～1
はちみつ――小さじ1
オリーブオイル――大さじ3～4

つくりかた

❶にんじんは、斜め薄切りにしてからせん切りにし、塩をまぶして少々おき、水気を絞っておきます。

❷白ワインビネガー、フレンチマスタード、はちみつをボウルで溶き、オリーブオイルを少しずつ加えながら混ぜ、ドレッシングをつくります。

❸①に②を加えてしっかりもみ、しばらくおいてなじませればできあがりです。

三月

お弁当の交換日記

お母さん

メンチカツ
梅干し卵焼き
アスパラごま和え
さつまいもの甘煮
にんじんとじゃこの塩炒め
ひじき煮

玲奈ちゃん

お花のシュウマイ
赤しそふりかけご飯
赤パプリカ炒め
お花のズッキーニ
ちょうちょの卵焼き
にんじん煮
魚肉ソーセージのお花

三学期が始まってほどなく、教室の黒板に、卒業式までの残り日数が表示されるようになった。

高校卒業が間近に迫っている。

担任の先生が発案したカウントダウンは、クラスのみんなには「その前に受験だろ?」「数字が減るのって、なんかストレスなんですけど」と不評だった。

玲奈も、この企画、あまり好きではない。朝のホームルームのあとで日直が数字を書き換えるのを見ていると、自然とため息が漏れてしまう。

ただし、ため息の理由は受験のプレッシャーではない。二学期のうちに推薦で進学を決めていた玲奈にとっては、三学期は心置きなく高校生活の締めくくりを嚙みしめるための日々——だからこそ、寂しくて、その寂しさを数字ではっきりと示されてしまうことが悔しくて……。

ため息をついたあとで、黒板の数字からプイッと顔をそむけてしまう朝もあった。

一日、一日と、卒業が迫る。それは、中学・高校と六年間食べてきたお母さんの手作り弁当とのお別れが近づいている、ということでもある。

お母さんのお弁当は、ほんとうにおいしかった。流行《はや》りのキャラ弁とかメッセージ入りとか、そんなのではなく、ごく平凡なものなのに、とにかくおいしい。おかずの一品ずつはもちろん、それらがアンサンブルを奏でると、さらに味わいが増す。

おかずの交換をする友だちからも大好評だった。「わたしも取り替えて」「わたしも!」とリクエストが殺到して、気前よく応えているうちに肝心の玲奈が食べそこねてしまうこともしばしばだった。

すると、お母さんは「じゃあ、一人分も二人分も手間は同じだから、交換用のおかずセットもつくってあげるね」と言ってくれるのだ。おかげで「玲奈ちゃんと同じクラスになったら、昼休みが十倍楽しみになるかわりに五キロ太ってしまう」という都市伝説まで生まれたほどだ。

一方、玲奈は料理が全然ダメだった。手先が不器用だし、うっかり者だし、料理にまつわるセンスというか、勘どころをうまくつかめないのだ。

たとえば「こんがり焼いて」の度合いとか、「キツネ色」とか「ひと煮立ち」とか「軽く火を通して」というのが、よくわからない。

「だって、キツネ色って言われても、種類によって赤っぽいのから焦げ茶っぽいのまでいるんだし、個体差だってあるんだし、そもそもキツネって、おなかは白いんだよ」――反抗期まっただなかの中学時代は、「屁理屈を言わないの！」と家庭科の先生によく叱られていたものだった。


三月になった。

学校の行事予定表で確認すると、卒業式の前は午前中で学校が終わる日が続く。お母さんのお弁当を食べられる回数は、ついに黒板のカウントダウンの数字を追い抜いてしまったわけだ。

「最後の日のお弁当、おかずのリクエストある？」

お母さんに訊かれた。同級生からも「卵焼きはマストだよ」とか「手羽のチューリップ揚げがおいしいんだよね」などとリクエストの声があがっている。

だが、玲奈はあえて「気まぐれ弁当にして」と言った。

「それでいいの？」

お母さんは怪訝《けげん》そうに訊き返した。気まぐれ――つまり、おかずはお任せ。なにが入っているか、お弁当箱の蓋を開けるまでわからない。

「ぜーんぶ気まぐれでいいの？　何品か先に決めてくれたほうが、お母さんもつくりやすいんだけど……最後の日に、『えーっ、こんなのだったの？』になったら、玲奈も残念でしょう？」

確かに、絶対にはずせないおかずが指定されていて、残りを自由に考えるのなら、「好きなものがなにもなかった」という失敗のリスクは大幅に減る。

それでも、玲奈は気まぐれ弁当にこだわった。

「だいじょうぶだよ、お母さんが入れてくれたおかずで苦手なものって、いままで一度もなかったんだし。なにが入ってても、絶対においしいっ、もう、保証するっ」

「だったらいいんだけど……」

ほんとうは、玲奈もぎりぎりまで迷っていたのだ。

お弁当の醍醐味《だいごみ》ってなんだろう、と考えた。

前もって中身を知っていて、それを楽しみにしてがんばる――今日は大好きなウズラの卵のフライだから、がんばろう！」と午前中を過ごすのも、もちろん、いい。

逆に中身がわからないときには、昼休みにお弁当箱の蓋を開けるときにワクワク、ドキドキする。蓋を開けて、色とりどりのおかずを目にした瞬間に「うわあっ！」と気持ちがグッと上がるのは、気まぐれ弁当ならではの魅力だろう。

どちらも捨てがたかったが、最後のお弁当には「ワクワク、ドキドキ」を優先することにした。

「初めてつくるおかずが入っててもいいのね？」

お母さんに念を押して訊かれて、「もちろん！」と指でOKマークをつくった。さすがお母さん。最後のお弁当を定番のおかずで手堅くまとめるのではなく、新たなおかずにも挑戦するというのが、料理好きのサガというやつかもしれない。

「じゃあ、今度は、わたしからお母さんに――」

六年間のお弁当づくりへの感謝を込めてプレゼントをしたい。

「なにがいい？　なんでもリクエストして」

するとお母さんは、しばらく考えたあと、パッとひらめいた笑顔になった。

「ねえ玲奈、お母さんにお弁当をつくってくれない？」

「――え？」

「最後の日に、お母さんはウチで玲奈のつくったお弁当を食べて、玲奈は学校でお母さんのつくったお弁当を食べるの」

「――は？」

「お弁当の交換日記のようなものよ」

お母さんはすっかり乗り気になって、前夜から当日の朝にかけての、キッチンの使用時間の割り振りまで決めた。気まぐれ弁当は、おかずの中身が途中でわかってしまったら台無しだ。だから、相手の調理中は、キッチンには絶対に立ち入り禁止。

「ってことは、わたしが失敗しても、お母さん、フォローしてくれないわけ？」

「そう。自力でがんばりなさい」

「ちょっと、マジそれ無理」

あせる玲奈に、お母さんは余裕の笑みを浮かべて言った。

「だいじょうぶよ、まだ時間はあるんだから」

お弁当の基本中の基本のおかずを何種類か、特訓してくれるのだという。その中で自信のあるものや、当日にうまくつくれたものだけをお弁当に入れればいい。

もちろん、玲奈が独学でつくったおかずだって、大歓迎。

つまり、お母さんは、この機会に料理のイロハを教えてあげよう、と目論《もくろ》んでいるのだった。

特訓が始まった。

お母さんが玲奈に教えるのは、料理の具体的なノウハウだけではなかった。キッチンで並んで手を動かしながら、問わず語りに「お弁当とはなにか」を伝えていった。

料理はできたてを食べるのが一番だし、つくった人も食べている人の姿を目の前で見たいものだ。

「でも、お弁当はどっちもできないわけ」

お母さんの言葉に、玲奈は「だね……」とうなずく。

「じゃあ玲奈は、お弁当はつくりたてに負けちゃうと思う？」

「それは……違うと思うけど……」

だよね、とお母さんは笑って続けた。

「できたてじゃないから、食べるときのことを想像して、いろいろと逆算して考えるわけ」

「傷まないように？」

「そこは初歩の初歩ね。特に夏場は、絶対におなかをこわさないように、ナマものは入れないし、ゆうべの残りのおかずには必ず火を通すし、味つけも冬より濃いめにしてるから」

「季節によって味が違ってたの？」

もちろん、とお母さんは得意そうに胸を張り、「いままで気付かなかった？」といたずらっぽく訊いた。

「……ごめん」

玲奈は謝ったあと、「ありがとう」と付け足した。

「あとは、冷めても味や食感が落ちないように工夫したり、毎日のお弁当だから、飽きないようにしたいんだけど、意外と毎度おなじみのおかずも大事だったりするし」

あ、わかる、と玲奈は大きくうなずいた。お母さんのお弁当には、必ずと言っていいほどプチトマトが入っている。ワンパターンすぎるよと思いながらも、ごくたまにトマトが見当たらないと、なにか物足りなく感じてしまうのだ。

「もっといろいろ考えてるのよ」

「たとえば？」

「時間割はすごく大事」

お昼前に体育の授業がある日は、ボリュームを増やす。

「でも、その日の体育がマラソンだったりしたら、さっぱりして、するする食べられるほうがいいかも、って」

時間割には体育の授業の中身までは出ていない。

「だから、前の日に玲奈とおしゃべりして、さりげなく情報を仕入れるわけ」

「それでおかずを決めるの？」

「そう。最初は全然違うおかずのつもりだったけど、急に変えることも、けっこうあったのよ」

「……知らなかった」

「あとは、五時間目の世界史が退屈すぎて眠くなるって聞いたら、ピリッとスパイスを利かせたおかずを入れたり、ゆうべのテレビの話で友だちと盛り上がりそうな日は、おしゃべりに夢中になっても食べやすいおかずにしたり……」

話を聞いているうちに、玲奈は神妙な顔になった。

そこまで考えてくれているとは思わなかった。

「だから、玲奈とちょっとした話をするのって、すごく大事だったの。逆に言えば、話をしてくれてありがとう、ってこと」

「そんな……」

玲奈は首を何度も横に振った。お礼を言うのはこっちのほうだ。それも、何倍も何十倍も言わなくちゃいけない。

お母さんは、急に照れくさくなったのか、早口になって続けた。

「まあ、要するに、お弁当には想像力が大事なの。目の前で食べてもらうことができないんだから、想像しなきゃ」

だからね、と教えてくれた。

お母さんは毎日、お昼どきになると時計を見ながら「そろそろお弁当箱の蓋を開ける頃かな」「おいしく食べてるかな」「初めてつくってみたおかず、気に入ってくれるといいけど」……なんて想像していたという。

だからこそ、帰宅した玲奈から、からっぽのお弁当箱を受け取るのがうれしかった。

「離れてても、一家団欒《だんらん》できるの。それがお弁当の力」

お母さんはそう言って、「最後の日も、リモートで一家団欒しようね」と笑った。

というわけで。

玲奈は教室の机にお弁当箱を置いた。

同じタイミングで、お母さんは我が家の食卓にお弁当箱を置く。

お母さんが玲奈につくる最後のお弁当と、玲奈からお母さんへの最初のお弁当——おかずはなにが入っているだろう。

さん、にぃ、いち……ゼロッ。

二人は同時にお弁当箱の蓋を開けた。

お母さんから玲奈ちゃんへのお弁当

メンチカツ
梅干し卵焼き
アスパラごま和え
さつまいもの甘煮
にんじんとじゃこの塩炒め
ひじき煮

お弁当の最後の日の「交換日記」としての、母と娘それぞれのお弁当。お母さんの貫禄と玲奈ちゃんの初々しさ、二人の個性を出したいと考えたメニューです。おそらく、慣れているお母さんは、朝、いつものように手ばやくつくったお弁当。基本中の基本で、玲奈ちゃんの好きなものを中心に、オールスターのおかずがならびます。いっぽう、つくり慣れない玲奈ちゃんにとっては、初めての、お母さんにつくるお弁当。この大事な日だから、うんと考えて、「お母さんに、お花を贈りたい」と思い、できるだけ多くのおかずを「お花」のかたちにするというアイデアです。ちなみに椿の花言葉は、日本では「誇り」「控えめな優しさ」、英語では admiration（感嘆、賞賛）、perfection（完璧）。玲奈ちゃんの気持ちにぴったりです。

さて、味つけは……？　大丈夫、お母さんのもとで育って、ごはんを食べて、今回のために料理を習ったわけですから、基本の味つけは同じ。玲奈ちゃんのつくるお弁当には、「ね、ちゃんとお母さんの教えどおり、おいしくつくれるでしょ？」というアピールも入っています。でも、お母さんのきんぴらはいつもにんじんだから、わたしはパプリカを使ってみよう、というふうに、素材を変えたりもしています。これだけの品数をつくった玲奈ちゃん、もしかして、前の日からじっくり仕込んでいたかもしれませんね。

メンチカツ

材料(8個分)

鶏ひき肉――400g
たまねぎ――¼個
しいたけ(生)――2枚
塩――小さじ1
こしょう――少々
薄力粉――小さじ1＋適量
卵――1個
パン粉――適量
揚げ油――適量

つくりかた

❶たまねぎと、石づきを取ったしいたけをみじん切りにし、つなぎとして薄力粉小さじ1をまぶして混ぜておきます。

❷ボウルに鶏ひき肉、塩、こしょうを入れ、よく混ぜ、①を加え、さらによく混ぜます。

❸②を一口大の丸形に形づくり、薄力粉、溶き卵、パン粉の順に衣をつけ、170℃の油で3分ほど揚げて完成です。

メンチカツ

梅干し卵焼き

材料(つくりやすい分量)

卵——2個
梅干し(叩いたもの)——小さじ1
水——大さじ1
砂糖——小さじ2
油——適量

つくりかた

❶ボウルに卵を割り入れ、
梅干し、水、砂糖を加えて混ぜます。

❷卵焼き用のフライパンを強めの中火で熱し、
油をひいて、
キッチンペーパーで薄くのばします。
①の半量を流し入れ、菜箸で大きく混ぜ、
半熟の状態で奥から手前に3つに折りたたみます。

❸たたんだ卵焼きを奥に滑らせ、
油が足りないようであればすこし足して、
①の残りを、全量、流し入れます。
先に焼いた卵焼きを軽く持ち上げ、
その下にも流し込んでください。

❹手前を大きく混ぜ、半熟の状態で
奥から手前に巻き、
フライパンの縁にすこし押し付けて、
側面にも火を入れます。

❺まな板に取り出し、お弁当箱に入れやすく、
食べやすい大きさに切ります。

アスパラごま和え

材料（つくりやすい分量）

グリーンアスパラガス ―――― 3〜4本
アーモンド（素煎り）―― 5粒
塩 ―― 茹でるお湯の2％

A
白すりごま ― 大さじ1と½
みそ ―――― 大さじ1
みりん ――― 大さじ1
（アルコールが気になる方は煮切ってからお使いください）

つくりかた

❶ Aの材料を混ぜ合わせ、和え衣をつくります。
❷ グリーンアスパラガスは切り口を2〜3㎜落とし、下⅓程度の皮をピーラーで剝き、1㎝の斜め切りにしておきます。
❸ グリーンアスパラガスをさっと（30秒ほど）塩茹でし、盆ざるに上げてさまします。
❹ Aの和え衣に、③と粗く切ったアーモンドを加えて、さっくり混ぜればできあがりです。

さつまいもの甘煮

材料（つくりやすい分量）

さつまいも（細め）・1本（200g）
水 ―――――― 250㎖
みりん ―― 大さじ2と½
砂糖 ―――― 大さじ1
しょうゆ ―― 小さじ1
塩 ――― ひとつまみ

つくりかた

❶ さつまいもは皮付きのまま、1.5㎝程度の厚みの輪切りにします。
❷ 水とさつまいもを鍋に入れ、火にかけます。沸騰したら弱火にし、5分ほど煮て、固めに火が通ったらみりん、砂糖を加え、アルミホイルなどで落とし蓋をしてさらに煮ます。
❸ 2〜3分たったら、しょうゆ、塩を加えて、落とし蓋をしてさらに4〜5分煮ればできあがりです。

にんじんとじゃこの塩炒め

材料(つくりやすい分量)

にんじん――100g
ちりめんじゃこ――10g
しょうが――½片
ごま油――大さじ½
酒――大さじ1
塩――ふたつまみ

つくりかた

❶にんじんを細切りに、しょうがはせん切りにします。

❷フライパンを弱めの中火で熱し、ごま油を入れ、にんじん、ちりめんじゃこ、しょうがを加えて炒めます。

❸にんじんがしんなりしたら酒、塩を加えてさらに炒めて仕上げます。

ひじき煮

材料（つくりやすい分量）

乾燥ひじき――15g
油揚げ――½枚
砂糖――小さじ½
しょうゆ――小さじ2
みりん――小さじ2
油――小さじ1
だし（かつおぶし・昆布）――100㎖

つくりかた

❶乾燥ひじきを水で戻してざるにあげておきます。
油揚げは8㎜程度の短冊に切ります。

❷鍋に油をひき中火で加熱、
ひじき、油揚げを加えてさっと炒めたら、砂糖、
しょうゆ、みりんを加え、さらに炒めます。

❸だしを加えてアルミホイルなどで落とし蓋をし、
弱火で、程よく汁気がなくなるまで煮ます。
途中で味をみて、薄ければ塩少々（分量外）で
味をととのえてください。
ひじきが硬ければ、水分を追加して
好みの固さになるまで煮てください。

玲奈ちゃんからお母さんへのお弁当

お花のシュウマイ
赤しそふりかけご飯
赤パプリカ炒め
お花のズッキーニ
ちょうちょの卵焼き
にんじん煮
魚肉ソーセージのお花

お花のシュウマイ

材料（20～25個分）

鶏ひき肉――400g
たまねぎ――¼個
しいたけ（生）――2枚
塩――小さじ1
こしょう――少々
片栗粉――大さじ½
シュウマイの皮――1パック
コーン――適量

つくりかた

❶たまねぎと、石づきを取ったしいたけをみじん切りにし、つなぎの片栗粉をまぶして混ぜておきます。

❷ボウルに鶏ひき肉、塩、こしょうを入れよく混ぜ、①を加え、さらによく混ぜます。

❸②を一口大にまるめ、細切りにしたシュウマイの皮を周りに巻き付け、コーンをのせます。

❹蒸し器で7～8分蒸します。蒸し器がないときは、フライパンを使います。フライパンに浅く湯を沸かし、フライパンより小さく、お湯が入らない高さ・形の皿にクッキングシートを敷き、その上にシュウマイをのせます。フライパンに蓋をし、中火で10分蒸してください。

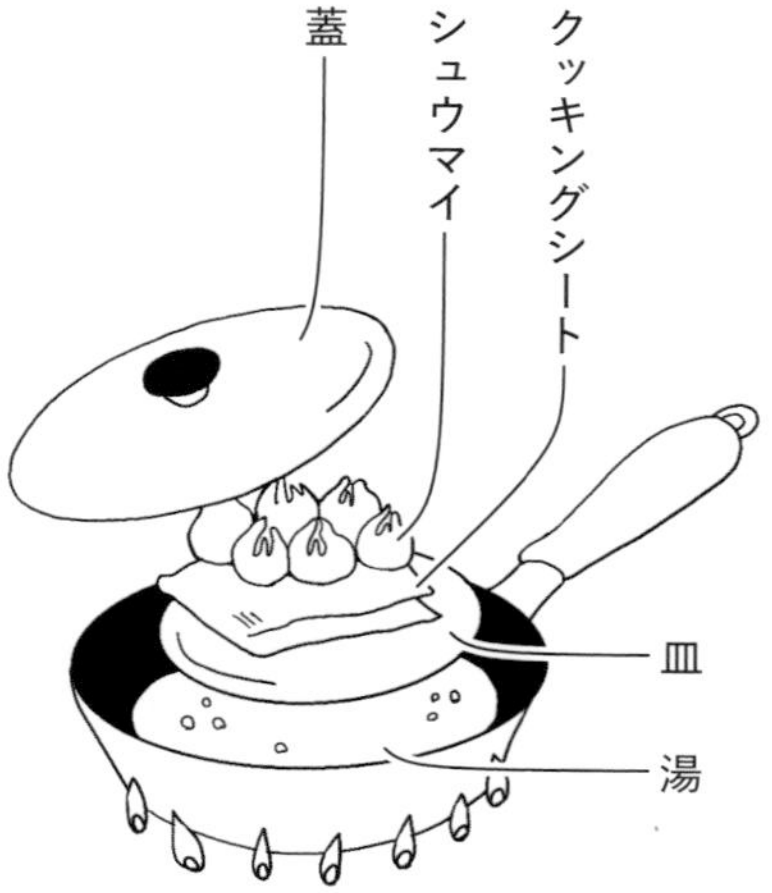

赤しそふりかけご飯

材料（1人分）

ご飯――お茶碗1杯分
赤しそふりかけ――小さじ1
柚子の皮――適量
梅干し――1個
茹でたインゲン――適量

つくりかた

❶ご飯に赤しそふりかけを混ぜ、弁当箱によそいます。

❷柚子の皮を小さく切り、梅干しの中央にのせ、椿の花のようにあしらいます。周辺に茹でて斜め切りにしたインゲンを添えます。

赤パプリカ炒め

材料（つくりやすい分量）

赤パプリカ――½個
ちりめんじゃこ――10g
しょうが――½片
ごま油――大さじ½
酒――大さじ1
塩――ふたつまみ

つくりかた

❶赤パプリカをタテ半分に切り、種を取って、長さ半分に切ってから、細切りにします。しょうがはせん切りにします。

❷フライパンを中火で熱し、ごま油を加え、赤パプリカ、ちりめんじゃこ、しょうがを一緒に炒めます。

❸赤パプリカがしんなりしたら、酒、塩を加えます。全体を混ぜ、さっと炒めればできあがりです。

お花のズッキーニ

材料（つくりやすい分量）

ズッキーニ――1本
塩――茹でるお湯の2％
アーモンド（素煎り）――5粒

A
すりごま――大さじ1と½
みそ――大さじ1
みりん――大さじ1
（アルコールが気になる方は煮切ってからお使いください）

つくりかた

❶ Aを混ぜ合わせます。
❷ アーモンドを粗めに刻みます。ズッキーニはピーラーを使って薄くそいでください。
❸ ズッキーニはサッと塩茹でして盆ざるにあげ、粗熱を取っておきます。
❹ まな板にズッキーニを1枚ひろげ、端にAをのせてくるくると巻いて、真ん中にアーモンドをのせ、お花の形にします。

ちょうちょの卵焼き

材料（つくりやすい分量）

卵――2個
梅干し（叩いたもの）――小さじ1
水――大さじ1
砂糖――小さじ2
油――適量

つくりかた

❶卵をボウルに割り入れ、叩いた梅干し、水、砂糖を加えて混ぜます。

❷卵焼き用のフライパンを強めの中火で熱し、油をひいて、キッチンペーパーで薄くのばします。①の半量を流し入れ、菜箸で大きく混ぜ、半熟の状態で奥から手前に丸く巻きます。

❸卵焼きを奥に滑らせ、①の残り全量を流し入れます。（油が足りないようであれば、足してください。）

❹半熟の状態で奥から手前に巻きます。

❺火を止め、卵焼きを巻きすにのせ、巻いて、4本の箸を使いちょうちょのかたちをつくります。四方に箸を1本ずつはさみ、その端を輪ゴムできつくとめ、しばらくおきます。全体がさめると形が定着しますので、輪ゴム、箸、巻きすを外して一口大に切りましょう。

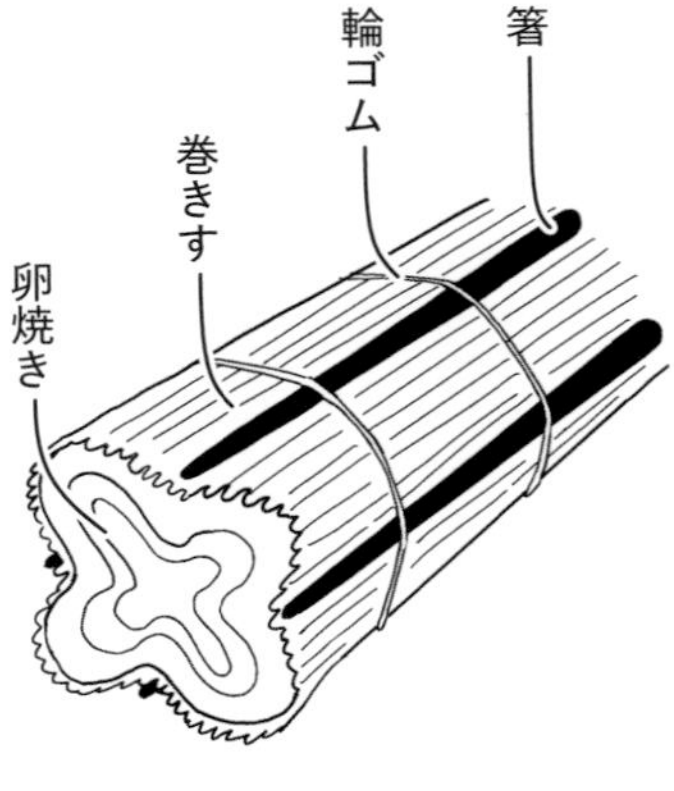

にんじん煮

材料（つくりやすい分量）

にんじん――½本
水――250㎖
みりん――大さじ2と½
砂糖――大さじ1
しょうゆ――小さじ1
塩――少々

つくりかた

❶にんじんの皮を剝き、8㎜程度の厚みの輪切りにしてから、野菜の抜き型を使って花形に抜きます。

❷水とにんじんを鍋に入れ、火にかけます。沸騰したら弱火にし5分ほど煮たら、みりん、砂糖を加え、アルミホイルなどで落とし蓋をして、さらに2～3分煮ます。

❸しょうゆ、塩少々を加えて、やわらかく煮えたらできあがりです。

魚肉ソーセージのお花

材料（つくりやすい分量）

魚肉ソーセージ――適量

つくりかた

❶魚肉ソーセージを4センチの長さに切ります。

❷切ったソーセージをまな板におき、その真ん中あたりに、ペティナイフの先で、中心までギザギザの切り込みをぐるりと一周入れ、2つに切り分けます。

同時に2個できます。

四月

シンデレラの自由も、たまには延長戦

貝のココナッツ蒸し
スパニッシュオムレツ
ピクルスっぽいたまねぎサラダ
スナップえんどうの塩茹で
梅酒ジャスミン
あんことココナッツミルクがけアイス

真梨恵さんと良美さんは、学生時代からの友人だった。

真梨恵さんはなにをやるにも積極的で、明るい。さっぱりした人柄で、くよくよしない。冗談好きだが、時々ズバッと核心をつくことも言ったりする。

良美さんのほうは控えめな性格で、なにごともコツコツと真面目に取り組む。おしゃべりのときには自然と聞き役に回って、優しいぶん「NO」と言えない人柄がアダになって、いつの間にか損をしてしまうことも少なくない。

対照的な二人だったが、だからこそ付かず離れずの距離感をうまく保ちつつ、ともに四十代半ばになるまで、二十年以上の付き合いを続けてきた。

これから読んでいただくのは、そんな二人のお話――。

今年の正月、良美さんが受け取った年賀状は、いかにも真梨恵さんらしいものだった。

〈A　HAPPY　NEW　LIFE！〉

YEARではなく、LIFE――。

〈旧姓中は大変お世話になりました。本年もよろしくお願いいたします〉

旧年ではなく、旧姓――。

〈元旦からインスタ始めます〉ともあった。

さっそく覗いてみると、最初の写真は、マリーナに停泊したクルーザーの舳先《へさき》に仁王立ちして、外洋を見つめる自撮りだった。

〈人生の荒海に漕ぎ出します！〉

続けて、操舵室に入って舵を握る写真も。

〈自分の航路は自分で決める！〉

真梨恵さんは昨年暮れに離婚をした。十年近くにわたる不妊治療が残念ながら実らなかったことも一因だったし、仕事を持っている真梨恵さんと夫との間にはさまざまな面でズレが生まれ、それがついに修復不能になってしまったのだ。

だが、離婚に悲壮感はない。憎み合っているわけでもない。というより、そうなってしまわないよう、別れる選択をした。

いつものことだ。若い頃から変わらない。うじうじとその場にとどまるより、まずは動く。動いてから考える、というのが真梨恵さんの流儀なのだ。

どこまでもポジティブに、真梨恵さんの離婚後の日々は始まった。インスタも頻繁に更新している。「映え」をことさら意識しているわけではなくても、仕事もプライベートも充実して、若々しくなった様子は、良美さんにもうかがえる。

一方、良美さんは――。

結婚二十年目で、息子と娘は高校生と中学生。もともと家電メーカーの事務職だったが、同じ支店の営業部にいたダンナと結婚して退職。子育てに一段落ついたいまは、週に二日、東京在住の外国人ビジネスマンの家族に日本での生活をサポートするボランティアを続けている。

ごく平凡な毎日に、大きな不満はない。ただ、最近ときどき、息苦しさや窮屈さを感じることがある。パーッと弾けてしまいたい。それができる性格なら苦労はないのは、よーくわかっているのだが……。

学生時代、良美さんは真梨恵さんにあきれられたことがある。

自宅から大学に通っていた良美さんには「夜の十二時までには帰ること」という門限があった。両親が厳しかったのだ。

上京して一人暮らしだった真梨恵さんは「そんなの信じられない！」と驚き、あきれるだけでなく、厳しい両親に対して憤って、アメリカ海軍のスラングだという、こんな言葉も教えてくれた。シンデレラ・リバティ――シンデレラの自由。海軍の規則で、夜の十二時までしか与えられない外出許可のことを、そう呼ぶ。

「兵隊さんと同じなんだよ、マジ、信じられない！」

……と言われても……。

大学卒業後も、良美さんの窮屈さは変わらない。親元をなんとか離れられた独身時代や新婚時代こそ、それなりに自由を謳歌したものの、子どもを授かり、子育てに追われるようになってからは、門限どころか一人で外出することもままならなくなってしまった。

さすがに、子どもが高校生や中学生になってからは、ボランティア仲間と夕食を食べたりすることもたまにあるが、そんなときでさえも、ダンナと子どもたちの晩ごはんの支度をしてから出かける。自主的に決めた門限は夜の十時。シンデレラ以下である。真梨恵さんからは「ほとんど囚人じゃない？　しかも、自分から檻の中に入っちゃってるの」と心底あきれられてしまうが、とにかく、そういう性分なのだ、良美さんは。


真梨恵さんのインスタが少し変わってきた。

離婚したばかりの頃は、外出先で撮った写真が投稿のメインだったが、二月に入った頃から、室内での写真も増えてきたのだ。それはすなわち、一人でいることが日常になったことでもある。

離婚を機に引っ越したマンションは、以前よりも部屋数は減ったものの、いかにも住み心地がよさそうだった。家具や雑貨、食器など、すべて自分の好きなものでまとめているのがよくわかる。

料理の写真も多い。凝った料理ではないし、たまにはジャンクなものも登場する。それでも、おいしそうなのだ。スマホをかまえる真梨恵さん自身が「これ、おいしい！」と心から、本気で思っているのが、写真からも伝わるのだ。

三月のある日のインスタには、こんなコメントも添えられていた。


〈一人暮らしでも、あいさつは大事。「おはよう」「行ってきます」「ただいま」「いただきます」「ごちそうさま」「おやすみなさい」……最初は孤独感が増すかと思ったけど、そんなこと全然ありません！〉

ほんとうだろうか。

良美さんはスマホの画面を切り換えて、首をかしげる。

強がっているのかもしれない。見栄を張っているだけかもしれない。「離婚して正解だったんだ」と自分自身に言い聞かせて、それを形にするためにインスタをせっせと更新しているんじゃないか。

友だちを疑うのはよくない。それでも、真梨恵さんというより自分自身の思いとして、離婚した彼女の「自由」を全面的に肯定するのが、ちょっと、なんとなく、微妙に……悔しいような……。


四月半ばの木曜日、良美さんが珍しく家族に対してキレそうになる出来事があった。

ボランティアの日だった。予定通り夕方五時にひきあげようとしたら、「よかったら夕食をご一緒していきませんか」と食事に誘われた。

そういう急な誘いは、基本的には「ごめんなさい、また今度ぜひお願いします」と、やんわりと断ることにしている。「前もって言っていただければ、喜んでお邪魔しますから」――家族の夕食の支度をしておけば、ということである。

今回の誘いも、最初はお断りするつもりだった。だが、ふと――真梨恵さんの顔が浮かんだ。それも、生身の真梨恵さんではなく、インスタで楽しそうに笑っている画像だった。

先方に「じゃあ、お付き合いさせてください」と答えたあと、家族に連絡を取った。

まずは高校生の息子に電話をかけた。

「コンビニのお弁当でもいいし、自分でつくるんだったらもっといいんだけど、晩ごはんよろしく」

すると息子は、「マジ?」と思いきり嫌がった声で返し、「えーっ、なんで? なにそれ、メシ大事じゃん、なにやってんの、ワガママじゃないの……」と不満たらたらだった。

中学生の娘も似たような反応だった。

さらに、LINEのメッセージを送ったダンナからは、すぐさま「ガーン!」とショックを受けたスタンプが返ってきて――それっきり、だった。「ゆっくり楽しんでおいで」とまでは言わなくてもいい。でも、せめて「あとは任せろ」ぐらいは……そういうスタンプだって、あるはずなのに……。

夕食をすませて午後九時頃に帰宅すると、キッチンの流しには、空になったコンビニのお弁当の箱が二つあった。息子と娘のぶんだった。それぞれ、別のコンビニのもの――二人で話し合って今夜の晩ごはんを考えたのではなく、お兄ちゃんはお兄ちゃんで、妹は妹で、勝手に買って、勝手に食べたのだ。

さらにダンナは、会社帰りに夕食がてら飲みに出かけて、帰りは終電だった。息子と娘に訊くと、父親とはLINEで「じゃあ、せっかくだからみんなで好きなものを食おう」「そうだね、自己責任でよろしく」というノリだったのだという。

悪くはない。間違ってもいない。家族みんな、それぞれが食べたい晩ごはんを食べて、良美さんの留守をつつがなくカバーしたのだ。結果オーライ。すべて合格。文句をつけようにも、「ここが、こんなふうにおかしい」と理詰めで説明もできない。

それでも、なにかが、違う。どこかに、納得できないものが残ってしまう。その「なにか」や「どこか」を「ここにある、これ」と言えないのが、ほんとうに悔しいのだ。

翌日、真梨恵さんのインスタが更新された。

近所の桜の樹の写真がアップされた。満開の時季を過ぎて、花はほとんど散っている。葉桜にもまだ少し間があるので、なんとも殺風景な桜の風景だった。

コメントは――。

〈「自分」は隙を見せると、ついつい「自分」をないがしろにしてしまうものかも。「自分」をリスペクトしよう!〉

写真を見て、コメントを読んだ良美さんは、ほとんど無意識のうちにスマホで真梨恵さんに電話をかけていた。

話したい。メールでは追いつかない。

いきなりの電話で、いきなりゆうべのことを愚痴った。

真梨恵さんは戸惑いながらも、言った。

「ねえ、明日、一緒に遊びに行かない?」――週末に、一人で海辺の貸別荘に行くつもりだった。

真梨恵さん、離婚後に痛感したらしい。

外に遊びに行くのは、友だちがいてもいいし、なんなら彼氏が一緒でもいい。でも、一人きりだって、全然負けていない。そこがポイント。離婚して一人になると、むしろ広がるものがある。「正しい」「間違い」ではなく、「広い」「狭い」で考えたくなる。

「たまには、広ーい週末を楽しもうよ」

なるほど。

良美さんには「広い」という幸せの尺度はなかった。

なるほど、なるほど、なるほど……。

納得して、真梨恵さんの提案を受け容れ、待ち合わせの段取りを話し合っていると、自分では気づかないうちに目に涙が溜まった。

翌日は土曜日だったので、ウチを出るにあたっては、いささか揉めた。

お母さんは、急に出かけたりしない――。

お母さんは、外出するときには、ちゃんと留守中のことをフォローしてから出かけるはず――。

お母さんは、朝から出かけるのなら、夕方には帰ってくるし、夕方に帰ってくるということは、当然、晩ごはんはつくってくれるんだよね——。

うるさーいっ——！

「でも、晩ごはんの下ごしらえをしてから、出かけちゃうわけね」

真梨恵さんはおかしそうに笑った。「でも、それ、良美らしくてすごくいいと思うよ」

ログハウスの貸別荘で、晩ごはんをつくりながら、いろんなことをおしゃべりした。

離婚までの経緯をあれこれ話した真梨恵さんは、夕食の調理がそろそろ終わる頃になって、「ああ、そうだ、ヘンな話を思いだしちゃった」——別れたダンナとの結婚式で、ダンナの上司がスピーチで話したことを教えてくれた。

はまぐりの話だった。

「はまぐりって、殻がぴったり合うから、夫婦仲の象徴なんだってね。あのとき初めて聞いて、ずーっと忘れてて、いま思いだした」

どこまでがほんとうなのか、よくわからない。

「でもさ、貝の殻って、邪魔だよね」

「……そう？」

「邪魔だけど、大事だよね」

「……どっちよ」

「殻を破れ、って嘘かもよ。貝の身って、殻に守られてるんじゃないの？」

どう応えていいかわからずに呆然とする良美さんに、真梨恵さんは「いーの、いーの」と笑って、「それより——」と続けた。

「ウチでちゃんと晩ごはんをつくってるかどうか、気になってるんだったら、訊いてみれば？」

「うん……じゃあ……」

すると、ダンナも息子も娘も、意外とがんばっていた。良美さんの下ごしらえを引き継いでカレーをつくり、ご飯を炊いて、さらに三人で野菜スープとサラダもつくっていた。

「じゃあ、今夜は泊まりでいいね」

ためらいながらも、うなずいた。

「シンデレラ・リバティの延長戦ってことで、まあ、たまにはいいでしょ」

なんてことを言いながら、真梨恵さんが「これ、ご参考までに」と良美さんに手渡したネットの記事のプリントアウトは——明日買って帰る、家族へのお土産のお勧めリストだった。

良美さんはプリントアウトを黙って折り畳んで、バッグにしまった。声に出してお礼を言うと、言葉と一緒に、よけいなものも目からあふれそうな気がする。

「オールだったら、夜中に食べちゃいけないものもつくろうか。体に悪くて、そのぶん、めっちゃおいしいデザート」

ねっ、といたずらっぽく笑う真梨恵さんに、良美さんも笑い返した。自分でも意外なほど素直な笑顔になった。

「ま、とりあえず、ごはん食べよう」

「うん、食べよう」

料理の仕上げに取りかかりながら、真梨恵さんはぽつりと言った。

「いつか、わたしの愚痴も聞いてね」

「……あるの?」

「ないわけないじゃん、わたしにだって」

「……そう……だよね」

一瞬ホッとして、すぐに打ち消した。ごめん。無言で謝った。

「いろいろあるんだよ、一人になったら一人になったで」

真梨恵さんは、ふう、と息をついてから、続けた。

「殻を破った貝って、ナメクジになっちゃうから、それはそれで大変なのよ、うん」

うわっ、ごはんの前に言うようなことじゃないねー。自分で自分にツッコミを入れて肩をすぼめる真梨恵さんに、良美さんは「塩、かけちゃうぞー」と笑って言った。

こんな冗談を言ったのって、ほんとうに……ほんとうに……何年ぶりだろう……。

貝のココナッツ蒸し

貝のココナッツ蒸し

ニュージーランドで、ムール貝にココナッツミルクを合わせたグリーンカレーのような味つけの料理を食べたことがあります。ムール貝といえばシンプルなワイン蒸しが定番ですが、ムール貝のもともとの旨味がしっかりしていたので、強めの味にもぴったりでした。そこでこのテーマ。キャリアウーマンの真梨恵さんが指揮をとる料理は、食べ歩き好きで、きっと海外旅行にも足しげく行っている彼女ならでは、と考えて、ニュージーランドのココナッツミルクカレーをヒントにした蒸し鍋をつくりました。「贅沢しちゃおう」ということで、貝はいろんな種類をたっぷり。なすや厚揚げは、40代の女性だったら入れたいかなと思いました。そのなすがスープを吸っておいしいこと！　じゃがいもは良美さんが使った残りを入れて、「ありそうで、ない」鍋ができました。お酒にも合いますし、シメのそうめんも、スープをからめて食べるとおいしいんです。

材料（2〜3人分）

貝類（はまぐり、ムール貝、あさりなど）——600〜700g
じゃがいも——1個（約150g）
なす——2本
厚揚げ——½個
たまねぎ——½個
パクチー（香菜）——適量
グリーンカレーペースト——½パック（25g）
油——大さじ2
水——200mℓ
ココナッツミルク——60〜80mℓ
ナンプラー——小さじ1〜1と½
そうめん——適量

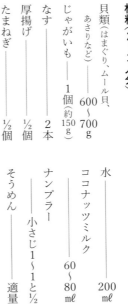

つくりかた

❶砂抜きをした貝類の殻をこすり洗いして、
ざるに上げておきます。
じゃがいもは、厚さ1㎝の半月切りに。
なすは、皮を剝いて1㎝の輪切りにし、
それぞれ水にさらしてから水気を切ります。
油抜きをした厚揚げを一口大に、
たまねぎはくし切りにしておきます。

❷フライパンに油大さじ1をひき、
じゃがいもを弱めの中火で
表面をキツネ色に焼いて取り出します。
そのまま同じフライパンに油大さじ1を足して、
グリーンカレーペーストを炒め、
香りが立ったらたまねぎ、なす、貝類、
厚揚げ、水、ココナッツミルクを加えて蒸し煮します。

❸5分くらいたち、貝の口が開き始めたら、
じゃがいもを加え、具材に火が通るまで
蓋をして中火で蒸し煮します。

❹ナンプラーを、味をみながら少しずつ加えます。
(味が濃ければ控えめに。)
器に盛り、1㎝に切ったパクチー(香菜)を
のせてできあがり。
茹でたそうめんを一口大に丸めて、添えます。

スパニッシュオムレツ

これを担当するのは、主婦の良美さん。ふだんは家で「ふつうのもの」を求められますが、きょうは羽をのばすのだから、ふつうのものプラスアルファで、友達にも喜んでもらえるものを、と考えました。

材料（２人分）

卵――３個
じゃがいも(小)――１個
たまねぎ――¼個
塩――小さじ⅓
黒こしょう――少々
オリーブオイル――適量

つくりかた

❶じゃがいもを５㎜の厚さで半月にスライスし、水にさらしてから水気を切っておきます。たまねぎは繊維を断ち切るように薄切りにします。

❷フライパンにオリーブオイルを多めに入れ、弱めの中火でじゃがいもを焼きます。薄いキツネ色になったらひっくり返し、たまねぎも加えてさらに焼きます。じゃがいもに火が通ったら全体をざっくりつぶします。

❸ボウルに卵、塩、黒こしょうを入れて混ぜ、②を加えます。

❹卵焼き用のフライパンを中火にかけ、オリーブオイルをひいておきます。③の半量を入れ、大きくかき混ぜ、半分に折って奥に移動し、手前にオリーブオイルを少々足し、③の残りを入れます。（奥の卵焼きを持ち上げて、その下にも流します。）焼き目がついたら手前に返し、表面が全体的に焼けたら火を止め、余熱で火を通します。

ピクルスっぽいたまねぎサラダ

ナンプラーの風味と柑橘の酸味で、サラダに東南アジア風のムードを。ここでははっさくを使いましたが、手に入るお好みの柑橘を使ってつくってみてくださいね。

材料（つくりやすい分量）

- 紫たまねぎ――1個
- たまねぎ――1個
- 新ごぼう――1本
- はっさく――½個
- ディル――少々

A

- 白ワインビネガー――大さじ5
- レモン汁――大さじ1
- 砂糖――大さじ2
- 塩――小さじ⅓
- ナンプラー――小さじ1

つくりかた

❶スライスした紫たまねぎ、たまねぎを、水500mℓに塩小さじ2（分量外）を溶かしたところに10分浸け、ざるに上げ、水を切っておきます。

❷新ごぼうはタテ半分に切り、斜め薄切りにし、さっと茹でてざるに上げ、水気をよく切ります。

❸①と②をAで和え、薄皮を外し、実をほぐしたはっさくとちぎったディルも加えてよく和えればできあがりです。

スナップえんどうの塩茹で

ほんとうに「塩茹でしただけ」のスナップえんどうです。冷水にとらないので野菜が水っぽくなりません。ざるに上げて、自然にさまします。食卓に並べると、ついつい手がのびて、ポリポリと食べてしまう、あとをひく食感です。メインがしっかりしている分、副菜はシンプルに素材を食べたくなると思います。茹でるだけなので、手間もかかりません。

材料（つくりやすい分量）

スナップえんどう――15個
水――500㎖
塩――大さじ½

つくりかた

❶スナップえんどうの筋を取ります。↖

梅酒ジャスミン

そのままだと「ちょっと甘いかな」「ちょっと強いかも」と思う梅酒も、ジャスミン茶で割ると、すっきりごくごく飲みやすい味に。基本の割合をレシピにしていますが、お好みの濃さでどうぞ。

材料（つくりやすい分量）

梅酒（お好みのもの）――適量
冷たいジャスミン茶（ペットボトル、あるいは茶葉から淹れても）――適量
ミント――お好みで

つくりかた

❶梅酒1に対し、ジャスミン茶を1.5の割合で混ぜます。（梅酒が100㎖なら、ジャスミン茶は150㎖です。）↖

❷鍋に水と塩を入れ、
沸騰したら①を入れて3分ほど茹で、
ざるに取り、そのまままさまします。

❷ピッチャーなどに入れて、水を加えて冷やし、
各自のグラスに注いで、
お好みでミントを添えてどうぞ。

あんことココナッツミルクがけアイス

アイスにココナッツミルクとあんこをダブルでかけちゃいます。このココナッツミルクは蒸し鍋の食材で残ったもの、あんこは缶詰のゆであずきを使うので、それほど手間はかかりません。アイスは、コンビニやスーパーで売っているなかでも、ちょっと贅沢なタイプを使いました。バニラだけじゃなく、コーヒー味もよく合いますよ。

材料（2人分）

バニラ味やコーヒー味など
お好みのアイスクリーム――適量
あんこの缶詰（ゆであずき）――1缶（200g）
水――大さじ1
ココナッツミルク――適量
いちご――4〜6粒
ミント――お好みで

つくりかた

❶ゆであずきを水でのばします。
❷アイスクリームを器に盛り、①とココナッツミルクをかけます。分量は、お好みで調整してください。
❸ヘタを取り、半分に切ったいちごをのせ、お好みでミントを添えてどうぞ。

五月

ワンパク兄弟の親孝行

チキンライスグラタン

クレソンときゅうりとセロリのサラダ

家族の歴史が、一頁《ページ》めくられた。

もうすぐ、さらに一頁、わくわくしながらめくることになるだろう。

読んでいる箇所は、確かに、間違いなく、先に進んでいる。というより、後戻りできないのが歴史や人生というものなのだ。

だが、どんなに先へ先へと進んでいっても、しおりは、元の頁に挟まれたまま――。

真一郎さんは、最近よく、そんなことを思う。


今年六十二歳の真一郎さんは、この秋に還暦を迎える妻の美由紀さんと、三月に米寿――八十八歳のお祝いをした母親の正江さんと、地方都市で三人暮らしである。

息子の大輔はすでに独立して所帯を構え、昨年、初孫が生まれた。一人暮らしをしていた娘の奈穂も、この秋、結婚をする。

我が家も、いよいよ代替わりである。

しかし、真一郎さんは、まだ悠々自適で「おじいちゃん」の日々を送るわけにはいかない。

「息子」としての役目が残っている。

正江さんはずいぶん年老いてしまった。八十歳を過ぎても心身ともにしっかりしていたのだが、三年前に連れ合いの達也さんを亡くしてから、老いが目に見えて進んだ。足腰が弱り、杖が手放せなくなって、遠出をするときには車椅子を使わないと危ない。最近は認知症の症状も「まだら」に出てくるようになった。いまは要介護1の認定だが、2に引き上げられるのは時間の問題だし、3になったら在宅介護でやっていけるかどうか……。

正月に弟の雄二さんが帰省したときにも、その話になった。

「兄貴や義姉《ねえ》さんには、おふくろのことで、ほんとうにお世話になってるよ」

雄二さんは肩をすぼめ、真一郎さんのコップにビールを注ぎながら「なにもできなくてごめん」と頭を下げる。いつものことだ。大学進学を機に上京した雄二さんは、そのまま東京で就職、結婚をした。両親の世話は兄夫婦に任せきりで、それをずっと負い目に感じているのだ。

もっとも、真一郎さんには、愚痴や恨みごとをぶつけるつもりなどない。「いいんだいいんだ、そんなの」と笑って、ほら飲め、グッとやれ、とビールの酌を返す。

幼い頃から仲良しの兄弟だった。二つ上の真一郎さんの後ろを、雄二さんは「兄ちゃん、兄ちゃん」と追いかけて走り、雄二さんが年上の子にいじめられたら真一郎さんが「ユウのカタキだ！」とやっつけてやった。いつも二人で遊び回って、ワンパクが過ぎてお母さんにお詫び行脚《あんぎゃ》をさせたことだって何度もあった。

だが、ワンパク系男子には、意気に感じるタイプが多い。頼りにされると張り切る。オレがやらなきゃ誰がやる、という展開になると損得抜きでがんばる。真一郎さんと雄二さんも例外ではなかった。

真一郎さんが中学一年生、雄二さんが小学五年生のとき、父親の達也さんが単身赴任をすることになった。

「頼んだぞ、男の子なんだから、お母さんをしっかり支えてやってくれ」

「昭和」ならではのジェンダー意識ではあるのだが――兄弟を張り切らせるには充分すぎる言葉だった。

達也さんの単身赴任は五年に及んだ。その間、兄弟は正江さんを力強く支えてきた……つもりだ。実際にはたいしたことはできなかった。掃除や洗濯や料理を手伝っても、なにしろワンパク系男子はやることがガサツで、飽きっぽい。かえって正江さんによけいな手間暇をかけさせてしまったことも少なからず……いや、かなり、あったはずだ。

それでも、二人はがんばったのだ。

正江さんは、そんな二人を、いつもにこにこと微笑みながら見守っていたのだった。

三月の半ば頃、大輔と奈穂が相談事を持ちかけてきた。

「還暦のお祝いに、二人でお母さんに海外旅行をプレゼントしたいんだけど、いい？」

五月の母の日に合わせて、一週間の旅程でハワイに出かける。奈穂が同行する。

「お母さんの誕生日は九月だけど、その頃は、ほら、こっちも忙しいし……いまのうちに行っておきたいの」

結婚を控えた奈穂にとっては、独身時代最後の母娘旅行になる。

「それに、お母さんはおばあちゃんの介護でずっと大変なんだから、たまには骨休めさせてあげたくて」

奈穂の言葉を受けて、大輔はさらに話を進めた。

「これから、もっと大変になるよ。旅行に行けるうちに行かせてあげないと、おばあちゃんが亡くなるまで、お母さん、どこにも行けなくなっちゃうでしょ」

優しい子どもたちである。

確かに真一郎さんは定年退職後も再雇用で勤めに出ているので、正江さんの世話は美由紀さんが一人でがんばっている。これからも負担は増す一方だろう。ならば、少しぐらいはリフレッシュしてもらってもバチは当たるまい。

俺の還暦のときにはそんなプレゼントはなかったけどな……と、かすかな寂しさを抱きながらも、「よし、わかった」とうなずいた。「お母さんにゆっくり休んでもらおう」

奈穂と大輔はホッとして「母の日の、最高のプレゼントになるよ」と笑う。

母の日かあ、と真一郎さんの頬もゆるんだ。子どもの頃は、母の日には必ず雄二さんとおこづかいを出し合ってプレゼントをしていた。父の日にプレゼントをした記憶はないから、やはり、世代や時代が変われど、父親は母親には決して勝てないものなのだろう。

「それで、お母さんの留守中のおばあちゃんのことは……僕がこっちに来て手伝えればいいんだけど、五月はウチの会社の決算月だから、ちょっと……」

口ごもる大輔に、先回りして「わかってるわかってる、こっちのことは心配しないでいいから、仕事をがんばれ」と笑ってやった。

「でも、お願いしておいてアレなんだけど、お父さん一人でだいじょうぶ？」

心配顔の奈穂に、「平気平気、お父さんにどーんと任せろ！」と力強く言ってやった。

こういうときには、ぜひとも頼りがいのある親父でありたい――ワンパク系男子の心意気は、還暦を過ぎても変わらないのだ。

じつを言うと、「お父さんにどーんと任せろ」は、正確な表現ではない。

真一郎さんには作戦があった。

離れて暮らす大輔や奈穂には話していないことだが、

年明けから、正江さんにショートステイを体験してもらっている。

初めてだった一月には、まずは一泊二日を試してみた。

介護の先輩格の知り合いには、「最初が肝心だぞ」と言われた。「ショートステイに悪い印象を持ってしまうと、もう二度目はないと覚悟したほうがいい」――嫌がるのを無理やり連れて行くようなことは、真一郎さんだってしたくない。

不安とともに送り出したのだが、結果は吉と出た。正江さんは施設の雰囲気や介護士さんの対応をとても気に入って、また泊まってみたいと言ってくれた。

二月も一泊二日を無事に過ごせた。三月には一日延ばして二泊三日に挑戦してみた。今度もだいじょうぶ――真一郎さんは美由紀さんともども安堵して、「意外とやっていけるな」「二泊してもらえたら、こっちも家のことがいろいろできるから、すごく助かる」と話していたのだった。

五月のハワイ旅行の間も、さすがに一週間丸ごとは無理でも、なんとか半分を施設で過ごしてくれれば……。

その予行練習として、四月に予約を入れた。三泊四日にチャレンジである。これでうまくいけば、五月のことだけでなく、今後は夫婦そろっての旅行もできるようになるだろう。

だが、その夢は、はかなく消えてしまった。

ショートステイ二日目の朝、施設から連絡が来た。正江さんが家に帰りたがっている。初日からトラブル続発で、一夜明けると「もう帰る！　もう帰る！　絶対に帰る！」と訴えて、最後は暴れ出して手に負えなくなってしまったのだという。

あわてて迎えに駆けつけた真一郎さんに、施設長と介護士のチーフが教えてくれた。

認知症は下り坂になって進行するだけではない。階段を踏みはずすように、すとん、と大きく進行してしまうときもある。先月のショートステイからわずか一ヶ月で、正江さんの認知症は明らかにレベルが違ってしまったのだ。

五月のショートステイはあきらめるしかない。

「だいじょうぶだ、こっちは任せろ」

美由紀さんに言った。「昼間はデイサービスに頼めばいいから、夜中だけだ。それくらいだったら、なんとかなるだろ」と笑って安心させた。

再び予行練習で、デイサービスの予約を入れた。

しかし、正江さんの認知症は、もはや日帰りの滞在にも耐えられない状態だった。いままで何度も利用してきた施設のデイサービスなのに、見当識を失って、ひどく混乱したあげく、「帰る！　帰る！」の連発になってしまった。

施設のほうは「利用者さまの中には、そういう方もけっこういらっしゃいますから」と受け容れてくれそうだったが、嫌がる正江さんを無理やり預けるのは、やはり、つらい。

覚悟を決めた。

「朝から晩までおふくろと一緒にいてやるよ。おふくろは、もう、いつまでオレの知ってる『お母ちゃん』でいてくれるのかわからないから……今年が、最後の母の日になるかもしれないから……」

美由紀さんに言って、精一杯の笑みを浮かべて続けた。

「こっちのことは気にせず、ハワイを楽しんでこいよ」

現場の最前線を退いた再雇用の立場とはいえ、一週間まるごと会社を休むと、周囲にもそれなりに迷惑をかけてしまうことになる。

かつて部下だった現役の面々に、頭を下げて回った。事情を知っている後輩たちは「ゆっくりお母さんと過ごしてください」と快く応えてくれたが、一日だけ、どうしても休めない仕事が残ってしまった。

正江さんがどんなに嫌がろうとも、デイサービスに頼るしかないのか――。

そこに、思いがけない助っ人が現れた。

四月の終わり、雄二さんが電話をかけてきた。

六月に定年退職をする。溜まっていた有給休暇をその前に消化すべく、五月に長い休みを取るのだという。

「せっかくだから、田舎に顔を出して、おふくろや兄貴にも会いたいんだけど……いつだったら都合がいいかなあ」

正江さんの状態を知る由もない雄二さんの、のんびりした口調が、かえってうれしい。救われたような気分だった。

真一郎さんは運命の導きに感謝しつつ、経緯を話した。

　すると――。

　雄二さんは迷う間もなく言った。

「兄ちゃん！　オレに任せろ！」

　真一郎さんが仕事を抜けられない日はもちろん、一週間、ずっと付き合うのだという。

「兄ちゃん、お母ちゃんを独り占めするなんて、ずるいだろ！」

　笑いながら言う。その口調もうれしいし、独り占めという言い方をしてくれたことは、もっとうれしい。

だが、なによりもうれしかったのは、「兄貴」「おふくろ」が「兄ちゃん」「お母ちゃん」に変わった――いや、戻ったことだったのだ。

「ユウ……ありがとう」

「なーに言ってんの。たまにはオレにもいいカッコさせてよ」

　電話口でも、雄二さんの照れ笑いの顔は想像できる。きっと雄二さんにも、目に涙を浮かべた真一郎さんの顔が見えているだろう。

　兄弟が思い浮かべる顔は、どちらも少年に戻っているはずだ。


　ワンパク兄弟のコンビが復活した。しかも、一つ屋根の下に、正江さんと兄弟の三人だけというのは、達也さんが単身赴任中だった頃以来だから、ほとんど半世紀ぶりになる。

　兄ちゃんとユウとお母ちゃん――。

　一週間、思い出話をしたり、車椅子を押して懐かしい場所を巡ったりした。正江さんはショートステイやデイホームのときのような混乱は見せなかったが、やはりほとんどの時間は幻の世界にいるようだ。けれど、微笑んだときの表情は、むしろそのおかげで、あの頃と同じようにも見える。

　還暦前後の息子たちと、年老いた母親、そしてすでに世を去った父親も、仏壇の中で家族を見守っている。

　我が家の歴史がもうじき終わる。新米パパになった大輔の話、孫の話、奈穂の結婚の話、雄二さんの子どもたちの話……次の世代につながる、それぞれの我が家の話も出てくる。

　そして最終日は、母の日――。

　平日の食事は、正江さんは宅配の介護弁当、真一郎さんと雄二さんはコンビニ弁当や出前、簡単な手料理ですませていたのだが、母の日ぐらいはがんばりたい。

「ガキの頃、兄ちゃんと二人で母の日にカレーをつくったよなあ」

「つくった、って……ご飯を炊いて、レトルトを温めただけだろ」

「でも、お母ちゃん、おいしいおいしいって喜んでくれたよ」

「オレたちに気をつかってくれたんだよ。お母ちゃん、料理が得意だったんだから、ちょっと手を加えるだけでもっとおいしくなるのに……でも、オレたちに全部やらせてくれたんだ」

「いまにして思えば、お母ちゃんの得意料理って、ロールキャベツとか、ジャーマンオムレツとか、スコッチエッグとか、けっこう洋風だったよね」

ね、お母ちゃん、そうだったよね、と雄二さんが振り向いても、正江さんは遠くを見つめて、なんの反応もない。さっきまでは会話ができたのだが、また幻の世界に入ってしまったようだ。

雄二さんは気を取り直して、真一郎さんに声をかけた。

「さあ、なにつくる？　兄ちゃんは料理したことあるの？」

首を横に振った真一郎さんは、「鍋ものとかホットプレートで焼肉をするときには、オレが仕切るけどな」と苦笑する。

雄二さんも「それ、料理って言わないよ」と笑い返した。

「ユウはどうなんだ？」

「オレはけっこうつくるよ。子どもが大きくなってからは、週末はオレが担当なんだ」

和洋中、包丁系に燻製《くんせい》系、なんでもひととおりできるんだ、と胸を張る。

「ユウ、おまえ、生意気だぞ」

「えへへっ」

さあ、なにをつくろう――。

ワンパク兄弟は気づいていない。

二人の背中を見つめて、正江さんは微笑んでいた。

がんばれ、がんばれ、と口を小さく動かしていた。

チキンライスグラタン

チキンライスグラタン

グラタンとチキンライスのハイブリッド。なぜこういうことになったのかというと、「還暦」を迎えた兄弟（真一郎さん、雄二さん）が、もう料理ができなくなったお母ちゃん（正江さん）の味で好きだった「洋食」をつくりたいと思ったから。二人がそれぞれの「いちばん」を譲らないので、一緒にしちゃえ！　となり、こんなふしぎなメニューになった、と考えました。二人にとっては「そういえば、お母ちゃん、ドリアも好きだったよな？」みたいな発想で、「いいじゃん！」と、大きなグラタン皿にまとめてどーん！　とつくるのです。レシピとして工夫しているのは、下になるチキンライスは、ちょっと汁を多めにして、パラパラッとした感じよりも、トマトのジューシーさが出るようにしたこと。グラタンの、こってりしたホワイトソースに酸味のアクセントを加えています。還暦兄弟が童心にかえってつくっただけのことはあり、「こりゃ（きっとカロリー的に）ひどいな、でもうまい！」という会話が聞こえてきそうです。グラタン皿は、耐熱ガラスのオーブン容器を使うことで「断面」も楽しめます。ワイワイ食べる二人を見て、きっと正江さんも喜んでくれたんじゃないかと思います。

ちなみに、そもそも「和食」ではなく「洋食」にしたい、というアイデアは、重松さんからいただいたものです。というのも、真一郎さん、雄二さん兄弟とほぼ同世代の重松さんにとって「おふくろの味」は、和風ではなく「昭和中期の洋食」なんだそうです。ロールキャベツ、スコッチエッグ、ジャーマンオムレツ、フレンチトースト……そんなメニューをヒントに、この「おふくろに捧げる手料理」「オレたちの人生に捧げる還暦兄弟の一皿」になりました。

材料（3～4人分）

■チキンライス

ご飯――300g
鶏もも肉（こま切れ）――100～120g
たまねぎ（粗みじん）――¼個
トマト（角切り）――1個（150g）
にんにく（刻み）――小さじ1
ケチャップ――大さじ3～4
バター――大さじ1（12g）
塩――小さじ½～⅔
こしょう――少々

■ホワイトソース

バター――40g
薄力粉――40g
牛乳――550mℓ
塩――小さじ1

■グラタンの具

マカロニ――80g
茹で塩（湯1ℓに対し小さじ1）――適量
えび（殻を剝き、タテ半分に）――9尾
白マッシュルーム（スライス）――4～5個
たまねぎ（1cmスライス）――½個
油――大さじ½
白ワイン――50mℓ
チーズ（シュレッドチーズ、粉チーズなど、お好みのもの）――50g
白こしょう――少々
塩――小さじ½
パセリ――適量

つくりかた

❶鶏もも肉、たまねぎ、トマト、にんにく、えび、白マッシュルームをそれぞれ切って、下ごしらえをしておきます。

❷チキンライスをつくります。
フライパンを中火にかけ、バターでにんにくを炒め、香りが立ったら、鶏もも肉、たまねぎを炒めます。

火が通ったら角切りトマト、ケチャップを加えてさらに2分ほど炒めます。

ご飯を加えて炒め、なじんだら塩、こしょうを加え、グラタン皿に敷きます。

（大きなグラタン皿ではなく、一人前ずつ小分けにしても。）

❸ホワイトソースをつくります。
鍋にバターを入れ弱火にかけ、溶けたら薄力粉を入れて炒めます。

泡がこまかくなってきたら火からはずし、冷たい牛乳を一気に加えてよく混ぜます。

ふたたび中火にかけ、とろみがつくまで、混ぜながら加熱します。沸いたら弱火にし、混ぜながら3〜4分煮て、塩小さじ1を加えます。

❹マカロニを茹でます。たっぷりの湯を沸かし、塩を加えて時間通りに茹で、湯を切ります。

❺フライパンを中火にかけ、油をひき、えび、白マッシュルーム、たまねぎを2分ほど炒めます。
ある程度炒まったら白ワインを入れ、沸いたら③のホワイトソースに汁ごと加え、マカロニ、白こしょう、塩小さじ½を加え、あたためます。

（味をみて薄ければ塩を加えてください。）

❻⑤を②の上にのせ、チーズをかけます。

❼220℃に予熱したオーブンに入れ、15分ほど、焼き色がつくまで焼けばできあがりです。

❽刻んだパセリをちらしてどうぞ。

クレソンときゅうりとセロリのサラダ

チキンライスグラタンをつくるのに力尽きた還暦兄弟、サラダはちょっとカンタンに。野菜を洗って切って、オリーブオイルと市販のポン酢で和えただけ……ですが、これがヒット。成功の秘訣はしっかり水を切ること。きっとお母ちゃんの正江さんは丁寧に料理をつくっていたのではないかな。

材料（つくりやすい分量）

クレソン――2束
きゅうり――1本
セロリ――1本
オリーブオイル――大さじ1
ポン酢――大さじ2
白ごま――小さじ1

つくりかた

❶水洗いして、水をよく切ったクレソンをざく切りに、同じくきゅうりをスライスし、セロリは薄切りにしておきます。
❷①とオリーブオイルを和え、ポン酢を加えてよく混ぜ、白ごまをかけてできあがりです。

六月

雨の日には「元気」の傘を

橋本さん

豚ばら肉の塩茹で　スタミナにらソース
セロリとみょうがの塩昆布和え

遙菜さん

だいこんもち
にんじんしりしり

比呂美さん

かじきまぐろのカツ丼
だいこんおろし
梅肉・甘酢しょうが・しらすのせ

雨は先週の金曜日から降りつづいていた。湿度も高い。昔ふうに言うなら「不快指数100パーセント」という感じの、じめじめした水曜日である。

朝の天気予報では、雨は夕方にはあがるだろうとのことだったが、その予報は残念ながらはずれた。雨脚はだいぶ弱まっていても、まだ傘なしでは歩けない。夕方五時のニュースでは、雨のあがる時刻は今夜九時頃に引き延ばされた。

六時過ぎ、橋本さんは、満員電車に揺られて帰途についていた。四十歳の橋本さん、奥さんと小学四年生の娘さんを地元・神戸に残して、この四月から東京で単身赴任生活なのだ。

四月は新生活に慣れるのに手一杯で、寂しさを感じる暇すらなかった。大型連休で神戸に帰り、ひさびさに家族団欒《だんらん》の日々を過ごして英気を養った。その「貯金」が効いて五月中は元気に過ごせたが、さすがに六月になると「貯金」も尽きて、気が張っていた四月の疲れまで、いまになって出てしまい、最近どうも調子が悪い。

電車を降りた。会社が単身赴任用に借り上げたマンションは、新宿から急行で四駅めの街にある。

駅を出ると、いつものように駅前のスーパーマーケットに向かった。もともと料理は得意なので、東京でも自炊生活である。食材のストックもスマホのアプリでしっかり管理している。

もっとも、マンションのキッチンは必要最小限の設備や広さしかないし、一人暮らしでは料理の腕のふるいがいもないので、疲れたときは出来合いの惣菜ですませることも多い。

今日も、そのパターンだった。しっかり食わなきゃだめだぞ、と自分で自分にハッパをかけながら、惣菜コーナーを回り、元気の出そうなレバニラ炒めや揚げ物、野菜サラダをカゴに入れた。あとは、レンジでチンのご飯を温めて、フリーズドライの味噌汁をつければいい。

レジに向かおうとして、ふと、くだものコーナーに目をやると、さくらんぼがあった。カップ型の透明なプラスチックパックに詰めてある。

奥さんと娘さんのことを思いだした。

二人とも、さくらんぼが大好きなのだ。大味なアメリカンチェリーよりも、ちょっと酸味が交じった、さっぱりした甘みの佐藤錦がお気に入り——売っていたのは、まさにその佐藤錦だった。

粒のそろった進物用ではなく、サイズも熟し具合もばらばらというところが、我が家の一家団欒を思いださせてくれる。

ふだんから野菜を摂ることは心がけていても、くだものは外食のデザートやコンビニのスイーツで食べるぐらいで、買って帰ったことは一度もなかった。売り場で見かけても「欲しいな」という気持ちにはならなかったのだが、今夜は違った。アメリカンチェリーの深い赤とは違う、佐藤錦ならではの淡い紅色にまなざしが吸い寄せられ、そして、手も伸びた。

小さなパックなので、一人でも持て余すことはないだろう。中年オヤジが一人きりでさくらんぼを食べるのは、少しわびしいだろうか。いや、しかし、わびしさが極まると、むしろ微笑ましくなるのでは……なってほしいものである。

カゴに入れた。茶色系の惣菜の上に載せると、さくらんぼの紅色がひときわ鮮やかだった。

すると、ふと、これでいいのか——と思った。

デザートにせっかく初物のさくらんぼが控えているのだから、メシのほうも、もうちょっとどうにかしたい。

惣菜コーナーに引き返した。カゴに入れたものを棚に戻し、売り場をあらためて一周しながら、献立を考えた。

元気の出る料理をつくろう。明日からもがんばるぞ、と思えるメシを食べよう。

スマホで手持ちの食材をチェックした。

キッチンにあるものは、これと、これと、これ。

じゃあ買うものは、あれと、あれと、あれ……。

少しずつ気持ちが上がってきた。

買い物を終えてレジを通し、自分で袋詰めをした。食材をレジ袋に入れたあと、てっぺんに、さくらんぼを載せた。レジ袋からちょこんと顔を出すさくらんぼの紅色が、いい感じだった。

駅から徒歩五分のマンションに着くと、エレベータホールには先客がいた。若い女性だ。スーツ姿だが、初々しさを通り越して、いかにも着慣れていない様子

——就活中の大学生だろうか。

お互いに会釈はするが、言葉は交わさない。もともと近所付き合いは一切ないし、若い女性を相手にヘタに愛想よく話しかけると、よけいな誤解も与えかねない。

最上階の七階に止まっていたエレベータが降りてくる。このマンションは、五階から上のフロアが1LDKの単身者タイプで、一階から四階までは3DKのファミリータイプである。

階数表示のボードに視線を逃がした。〈7〉〈6〉〈5〉……〈4〉のランプが灯ったとき、彼女のスマホにメールが着信した。ホールの隅に小走りに移動した彼女は、メールをチェックすると、遠目にもわかるぐらい深々とため息をついて、がっくりとうなだれてしまった。

よくないメールだったようだ。

どうしたんだろう、と気にはなったが、じろじろ見るわけにもいかない。

エレベータがエントランスフロアに着いた。カゴに乗り込んだ橋本さんは〈開〉のボタンを押して彼女を待った。だが、彼女はなんとか顔を上げたものの、いかにも元気のない様子で、どうぞお先に、と手振りで示すだけだった。

橋本さんもしかたなく〈開〉から指を離し、〈7〉を押した。

701号室の手狭なキッチンには似合わない、ちょっと気合の入った料理を考えた。ひさしぶりにオレの腕前を存分に見せてやる——オレ自身のために。

一方、エントランスフロアでは、就活女子大生の山本遥菜さんがようやくエレベータに乗り込んだ。

涙目である。就活の選考にまた落ちてしまった。さっきのメールは企業からの「お祈りメール」——要するにお断りの知らせだったのだ。

〈このたびは数ある企業の中から弊社へご応募頂き誠にありがとうございました。／社内にて慎重に検討した結果、今回は貴意に沿いかねる結果となりました。／あしからずご了承くださいますようお願いいたします〉

そして末尾に〈山本様の今後のご健勝ならびにご活

躍を心からお祈り申し上げます〉とある。ラストのフレーズから、企業の不採用通知メールは、就活スラングで学生たちに「お祈りメール」と呼ばれているわけだ。

今日の「お祈り」は、やや丁寧な文面だった。企業によっては、もっとストレートに〈今回は採用を見送らせて頂くこととなりました〉と書いてくることもある。就活を本格的に始めた二月や三月頃は身も蓋もない言い方にショックを受けていたものだが、最近はむしろ〈貴意に沿いかねる結果〉という回りくどさのほうに傷ついてしまう。貴意ってなんなんだよー、わたしのココロ、勝手に決めつけないでよー……と、八つ当たりだと自覚しつつも、言いたい。

応募したのは、もちろん、確かな事実だ。この会社に応募しようと自分で決めて、自分でエントリーシートも書いた。間違いない。でも、「入社試験を受けよう」と「この会社に入りたい」は、似ているようでいて、じつは微妙に……違わないのかな、やっぱり……。

遙菜さんの部屋は506号室だった。

ペットボトルの炭酸水を飲みながら、さっき届いたお祈りメールをパソコンの〈就活〉フォルダに入れた。ふと思いだして、いままでもらった中で一番ムカついたメールを開いてみた。

〈今回の選考では、あいにく弊社とはマッチングしないという結論に達した次第ですが、採用チーム一同、山本遙菜さまの高いポテンシャルには驚かされました。将来どのような分野でも活躍できる人財であることを確信しております。山本遙菜さまのご活躍を陰ながら応援し、これからの人生を山本遙菜さまらしく歩んでいかれることを、心よりお祈りしております〉

最初から最後までフルネームで通しているところが、いかにもテンプレートにコピペで名前を入れていっただけ、という感じだ。具体性ゼロの〈高いポテンシャル〉、すなわち潜在能力への褒め言葉も、裏返せば、現時点での評価の低さの証になる。しかも、その潜在能力が発揮できる日まで待つ気は当社にはございませんという、いわば「お見捨て宣言」でもあるわけだ。

人材を〈人財〉と表記する小ワザも含めて、読み返すたびに腹が立つ。さらに、この会社が第一志望だったことを思うと、腹立たしさの矛先が自分自身に向いてしまう。

炭酸水のゲップに紛らせてため息をついた。

六月になって、大学の友だちは次々に内定を取って、就活を終えている。だが、遙菜さんの内定はゼロ。内々定もゼロ。お祈りメールだけが増えていく。

パソコンの画面をブラウザに切り換えて、動画配信サイトでお笑い動画を何本か見ても、なかなか気持ちがリセットできない。天気も悪いし、元気も出ないし、サイテーだ。

晩ごはんも食べそこねていた。駅前の定食屋かファミレスで食べて帰るつもりだったのに、おなかがそれほど空いていなかったこともあって、雨の中を早足で歩いているうちにマンションの前まで来てしまったのだ。

だが、七時を回ると、さすがになにか食べたくなった。キッチンに向かい、冷蔵庫の中を確かめ、流しの上の吊り戸棚を覗いて、あーあ……と、さっきとは別の種類のため息をついた。

買い置きの食べものが切れていた。冷凍食品もレトルト食品もカップ麺も袋麺も、手っ取り早くつくれるものが一切ない。雨の日が続いて、帰り道の荷物を増やしたくなかったので、買い物をサボってきた。そのツケが回ってしまったわけだ。

部屋で自炊をすることはたまにあったが、就活を始めてからは外食やインスタントに頼りきりだった。時間の忙しさ以上に、気持ちの余裕がなかった。もともと料理は得意でも好きでもないし、そんなことをする暇があれば、エントリーシートを推敲して、ＳＰＩの性格検査の対策を立てて、自己ＰＲ動画の撮り直しもしたいし、あ、その前に、笑顔が明るくなるという評判のライトを価格比較サイトで検討しないと……。


フローリングの床に座り込んで、ブラインドの下りた窓を恨めしそうに見つめた。雨音は夕方よりも小さくなった。けれど、そのぶん、まるで空の上で誰かがついたため息がサンプリングされて、永遠にループしているようにも聞こえる。

面倒臭いけど、外に食べに行って、明日の朝ごはんだけでも買って帰ろうか……と思いながらも、重い腰はなかなか上がらない。

でも、お米や小麦粉はあるから、お茶漬けとか、塩むすびとか、具なしのお好み焼きとか……。

料理とも呼べないようなシンプルな晩ごはんを思い

浮かべても、簡単だからこそ、逆に億劫さがつのって、腰はいっそう重くなってしまう。

　体がふわっと浮き上がるような楽しいこと、なにかないかな。今日一日の出来事で、思わず笑っちゃうようなこと……。

　あった。さっきエレベータホールで会ったおじさん。駅前のスーパーのレジ袋を提げていた。ぱんぱんにふくらんだレジ袋から、おじさんには不似合いな、可愛らしいさくらんぼが顔を出していた。

　小さなパックだった。一人暮らしなのだろうか。単身赴任？　独身？　奥さんに逃げられた？

　せっかくだから奥さんに逃げられた設定にしちゃおう、と決めた。「かわいそー」と冷ややかに笑ったあとで、性格悪すぎっ、こいつサイテー、と自分を叱った。お祈りメールで形だけ褒められるより、ずっと気持ちがいい。

　さくらんぼ。小学生の頃に流行《はや》った大塚愛の『さくらんぼ』を思いだした。あの歌、好きだったなあ。ＹｏｕＴｕｂｅで知ったスピッツの『チェリー』も名曲だと思う。

　二つの曲の、覚えているところだけを口ずさんでいると、ちょっと元気になってきた。

　よし、と立ち上がった。

　コンビニのお弁当やインスタントじゃなくて、駅前のスーパーマーケットで食材を買って、たまにはしっかり料理をつくってみよう。

　もっと元気になりたい。明日からの就活を乗り切る力をチャージしたい。

　じゃあ、なにをつくろうかな……。


　夜八時過ぎ。

　スーパーマーケットからマンションに戻った遥菜さんは、エントランスでおばあさんと行き合った。

　遥菜さんの傘にちらりと目をやったおばあさんは、傘が畳まれてネーム紐が留まっていることに気づくと、

「雨、もうあがってますか？」と訊いた。

「はい……さっきまでは降ってたんですけど、いまはもう、だいじょうぶです」

　雨は、買い物をしている間にあがった。夕方の天気予報が告げていた雨あがりの時刻より、少し早い――

たまには、予報がはずれてうれしいこともある。

おばあさんはほっとした様子で言った。

「音が聞こえなくても降ってることって、あるでしょう？　だからちょっと心配だったの。でも、もうだいじょうぶね」

じゃあね、と手に持った折り畳み傘を、聖火リレーのトーチのように軽く掲げて歩きだす。その背中を遙菜さんは会釈で見送って、記憶をたどった。

おばあさんの顔には見覚えがある。エントランスやエレベータで何度か一緒になったことがある。

いつも、おじいさんと二人だった。おそろいのジャージ姿だった。おじいさんは足が不自由で、転倒防止用に先端が四足になった医療用の杖をついていた。おばあさんに付き添われて、散歩――というより、歩行のリハビリをしていたのだろう。

今夜のおばあさんの服装も、いつもの反射シール付きの上下ジャージに、ベルクロで留めるシニア用のスニーカーだった。

だが、隣におじいさんはいない。

玄関から外に出るおばあさんの後ろ姿は、なんとなく、寂しそうにも見えた。


もしかして……。


おばあさんは、３０３号室の比呂美さんだった。七十六歳。遙菜さんが想像したとおり、長年連れ添っていたおじいさんを四月に亡くしたばかりである。

この日曜日に、四十九日の法要と納骨をすませた。ようやくこれで、おじいさんが亡くなってからの忙しさに一段落ついた。やれやれ、と安堵する一方で、あわただしさに紛れていた悲しさや寂しさが、いまになってあらためて襲ってくる。

月曜日はなんともしんどくて、雨の中を出かけることはできなかった。真新しい仏壇の真新しい位牌、そしておじいさんの遺影を、見るともなく見ているだけで一日が過ぎてしまった。

火曜日もそう。新聞を読んでも、テレビを観ても、おじいさんのことを思いだしてしまう。

おじいさんは長患いをしたわけではなかった。五年前に脳梗塞を発症して以来、右半身が麻痺して歩行が困難になってしまったものの、それ以外に悪いところはなかった。ところが、季節の変わり目でひいた風邪をこじらせて、肺炎になった。入院した三日後に容態が急変して、我が家に帰ることなく亡くなったのだ。

だから、303号室には、おじいさんの気配がまだそこかしこに残っている。頭ではわかっていても、つい、ふとしたときに、おじいさんはどこだっけ、と目で探してしまう。ああそうか、と気づいたあとの孤独感は、おじいさんが亡くなった直後の悲しさよりもむしろ深いものだった。

今日――水曜日も、ずっと部屋にこもっていた。少しは外に出なくては……と思っても、雨が降っているし、どうにも体が動かない。食欲もわかず、いままでの一食分を三食に分けても持て余してしまう。

このままでは病気になる。体力が落ちると、思わぬケガもしてしまうかもしれない。離れて暮らす息子や娘や孫たちに心配をかけたくないし、もしもそんなことになったら、誰よりも悲しむのは空の上のおじいさんのはずだ。

夜になって、ようやく雨があがった。

気持ちを奮い立たせて、出かける支度をした。

今日はまだ晩ごはんを食べていない。おなかも空いていないし、面倒だから、このまま寝てしまおうかと思っていた。

だが、やはり、なにかを食べなくてはいけない。その前に、少しは歩かないと。

おじいさんが生きていた頃は、リハビリの散歩を三日続けて休むことはなかった。歩かないと足腰はすぐに弱ってしまう。雨や雪に降りこめられているときも、三日目の夜にはおじいさんにハッパをかけて、マンションの廊下を「いっちに、いっちに、いっちに、がんばれ、がんばれ、いっちに、いっちに……」と往復したものだった。

懐かしさにひたるには、いまはまだ記憶がなまなましい。玄関に置いてある杖にも、意識的に目を向けずに靴を履いた。

明日からは遺品の整理に取りかかる。多くは処分することになるだろう。できるのか――しなくてはだめなのだ。

その「捨てる力」を得るためにも、ちゃんと食べて、元気をつけなきゃ……。

遙菜さんと別れたあと、比呂美さんは雨あがりの街を駅に向かって歩いた。

遙菜さんの提げていたスーパーマーケットのレジ袋を見て、へえーっ、と驚いたのだ。

若い人だからお惣菜やインスタント食品を買って、あとはスイーツやドリンクあたりだろうと思い込んでいたら、まったく違った。

レジ袋から、だいこんがはみ出していた。白い袋からオレンジ色が透けているのは、にんじんだろう。だいこんに、にんじん――。

なんだかむしょうに懐かしい。比呂美さんにとってはおなじみの「昭和」感あふれる野菜だからこそ、懐かしくて、胸がほっこりしてくる。あんなに若い子も野菜を買って自分でごはんをつくるのか。そう思うと、うれしくなったし、ちょっと恥ずかしくもなった。

３０３号室を出た時点では、今夜の晩ごはんはお弁当にするつもりだった。持ち帰りのお弁当チェーン店で、うなぎ弁当かヒレカツ弁当を買って、食べきれるかどうか自信はなくても、少しでも食べて元気をつけたかった。

でも、あのレジ袋を見て、考えが変わった。自分でつくってみるか、という気になったのだ。


いっちに、いっちに、がんばれ、がんばれ……。心の中で声をかけながら歩いた。

駅前のスーパーマーケットは夜十一時まで営業しているから、まだ食材はたっぷり残っているだろう。

そういえば、と思いだした。

ずーっと昔の「昭和」の頃、まだ「おじいさん」ではなく「お父さん」だったダンナは、働き盛りで、いつも仕事でくたくたに疲れていた。そんなときに元気を取り戻してもらう、とっておきのメニューがあったっけ。ひさしぶりに、それをつくってみよう。

夜空を見上げた。長雨をもたらしていた雲は少しずつ晴れてきて、切れ間から星も見えるような、気のせいのような。

おじいさん、わたしはもうしばらく、こっちにいますからね、向こうで待っててくださいね――。

そのためにも、晩ごはんをしっかり食べよう。当時と同じレシピだと、さすがに七十代ではキツいから、年相応のアレンジメントをしよう。

よし、行こう。また歩きだした。

いっちに、いっちに、がんばれ、がんばれ、いっちに、いっちに……。

☼

翌朝は、いい天気だった。埃がきれいに洗い流された雨あがりの街に、朝の陽光が、きらきらと、降り注いでいる。

三人は、エレベータで一緒になるのだ。

なにかと世知辛い世の中でも、その程度の、楽しい巡り合わせはあっていいではないか。

七階から橋本さん、五階から遙菜さん、そして三階から比呂美さんが乗り込んで、お互いに小さく会釈をしたあと、期せずして声をそろえて——。

「おはようございます！」

みんな、元気になったのだ。

元気になったのは三人だけではない。

仏壇にごちそうをお供えしてもらった、比呂美さんのおじいさんも。

パパからゴキゲンな自撮りの写真を送ってもらった、橋本さんの奥さんや娘さんも。

そして、その日の夕方、遙菜さんはうれしいメールを受け取ることになるのだが——それは、また、別のお話になるだろう。

橋本さん
豚ばら肉の塩茹で　スタミナにらソース

豚ばら肉の塩茹で　スタミナにらソース

料理の得意な単身赴任のお父さん（橋本さん）がつくる「梅雨の時期のスタミナ料理」。時間がかかりそうな豚ばら肉のかたまりですが、圧力鍋を使うことで、短時間でこっくりやわらかく仕上げることができます。そして、できあがりのアツアツに、にらを1束使ったスタミナだれですから、元気が出ないわけがないのですよね。圧力鍋がなければ、蓋をして水を足しながらゆっくり2時間ほど煮るとおいしくできます。

材料（4人分）

豚ばら肉（かたまり）――500〜600g
長ねぎ（青いところ）――½本分
水――1500mℓ
酒――100mℓ
塩――小さじ2

■にらソース

にら――1束
長ねぎ（白いところ）――½本分
にんにく――1片
しょうが――20g
大葉――5枚
酒――大さじ2
みりん――大さじ1
しょうゆ――大さじ2
塩――ふたつまみ
油――適量

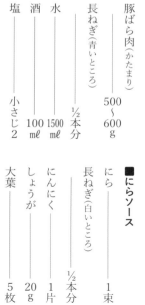

つくりかた

❶圧力鍋に水、酒、塩を入れて混ぜ、
豚ばら肉と長ねぎの青いところを入れ、火にかけます。
沸いてきて圧力がかかったら弱火にし、
20分間、加熱をして、火を止めます。

❷にらは小口切り、長ねぎの白いところは粗みじん、
にんにくとしょうがはすりおろします。
大葉は半分に切ってからせん切りにします。

❸フライパンを火にかけ、油とにんにくを入れ、
香りが立ってきたらねぎとにらを炒めます。
緑があざやかになったら
酒、みりんを加えて、沸いたら火を止め、
しょうゆ、塩、しょうが、大葉を加えて混ぜます。

❹①から豚肉を取り出し、食べやすい大きさに切り、
器に盛り、③のにらソースをたっぷりかけてどうぞ。

セロリとみょうがの塩昆布和え

かんたんにできて、おいしくて、低カロリーで、バランスがいい。自分の健康のためになにが必要なのか、よくわかっている橋本さんならではの副菜を考えました。豚ばら肉とこの副菜で、ビールが無限ループになりそうです。この副菜、ごはんの箸休めにもいいですよ。

材料（つくりやすい分量）

セロリ——1本（100g）
みょうが——1個
塩昆布——10g
酢——小さじ1
白ごま——小さじ½

つくりかた

❶セロリは筋を取り斜めにスライス、みょうがは輪切りにスライスします。
❷①をボウルに入れ、塩昆布、酢を加えて混ぜます。
❸白ごまを加えてさっくり和えればできあがりです。

遥菜さん

だいこんもち

だいこんもち

こちらは「ほとんど料理は素人の女子大生（遙菜さん）がつくる」料理。スーパーでだいこんをまるごと一本買ってきてしまったのでしょう、このだいこんもち、中国料理店の点心で出てくるサイズではなく、フライパンでどーんと1回で焼いちゃいます。遙菜さん、具が多いので、炭水化物をとらずにこれを主食にしちゃおう、というもくろみ。遙菜さんの出身地は明らかになっていませんが、わたしは彼女を沖縄出身という設定に。沖縄では雨の日に「ヒラヤーチー」というおやつ（沖縄式お好み焼き）を食べる習慣があるそうです。家にある食材でできるので「買い物に行けない大雨の日、台風の日」の非常食でもあるのですね。遙菜さん、それを思い出して、就活は「大雨」だけど、元気を出そうと考えたのです。これはひょっとして、遙菜さんの心の非常食なのかもしれません。ちなみに、このレシピでは、豚肉を全部炒めてからつくっていますが、生地ができたあとに生の豚肉をちょっとだけ、干しえびとともに追加して焼き上げてもいいですよ。

材料（2人分）

豚ばら肉（スライス）―― 50g
だいこん ―― 150g
しいたけ（生）―― 1枚
干しえび ―― 5g
長ねぎ ―― ½本
白ごま ―― 大さじ½
米粉 ―― 80g
片栗粉 ―― 20g
塩 ―― 小さじ½＋ふたつまみ
水 ―― 150mℓ
ごま油 ―― 大さじ½＋適量
しょうゆ ―― お好みで
からし ―― お好みで

つくりかた

❶だいこんは繊維を断ち切るようにせん切りにします。
長ねぎはみじん切り、しいたけは石づきを取り
スライスして、幅を3等分にしておきます。
豚ばら肉は1～1.5㎝幅に切ります。

❷ボウルで、米粉、片栗粉、塩小さじ½を合わせます。

❸熱したフライパンにごま油大さじ½をひき、
だいこん、塩ふたつまみを入れ、中火で炒め、
表面が透き通ってきたら
豚ばら肉、しいたけ、干しえびを入れてさらに炒めます。

❹豚ばら肉に火が通ったら水を加えて蓋をし、
沸騰したら弱火にします。
(水分が少なくなりすぎたら、水を少し足してください。)
だいこんがやわらかくなったら、
ざるで汁と具に分けておきます。

❺②のボウルに、④で分けた汁から75～80㎖を、
少しずつ加えてよく混ぜます。

❻④でざるに分けた具をしっかりつぶして⑤に入れ、
長ねぎと白ごまも加えて、
さらによく混ぜ、生地をつくります。

❼フライパンに多めのごま油をひき、⑥の生地を流し、
蓋をしないで強めの弱火で6分ほど焼きます。
焼き目がついたらひっくり返して
(油がなくなったら足してください)、
さらに6分ほど焼けば、できあがりです。
しょうゆ、ねりからしなどを添えてどうぞ。

にんじんしりしり

こちらも沖縄料理です。遙菜さん、料理はそんなに得意じゃないけれど、ずっと実家でお母さんがつくるのを見ていたのにちがいありません。ゆっくりにんじんを炒めると甘みがしっかり出ておいしいです。豚肉やツナ、じゃこなどを加えてもおいしいですよ。

材料(つくりやすい分量)

にんじん――1本(約200g)
卵――2個
だし(かつおぶし・昆布)または水――大さじ2
塩――ふたつまみ＋小さじ⅓
油――大さじ1
豚肉、ツナ、じゃこなど――お好みで
うすくちしょうゆ――お好みで

つくりかた

❶にんじんはせん切りにします。卵はボウルに溶いておきます。
❷フライパンに油をひき、強めの弱火にかけ、にんじん、塩ふたつまみを入れ、ゆっくり炒めます。豚肉やツナ、じゃこなどを入れる場合は、ここで一緒に炒めておきます。
❸にんじんに火が通って甘みが出てきたら中火にし、だし、塩小さじ⅓を加えざっと混ぜ、卵を回し入れます。(豚肉やツナ、じゃこなどを加える場合は、だしではなく水でも大丈夫です。)
❹ふちの方から卵がかたまりかけたところから少しずつ返し、半熟の状態で火を止めてできあがりです。お好みでうすくちしょうゆをたらしていただきます。

比呂美さん

かじきまぐろのカツ丼

かじきまぐろのカツ丼

おじいさんが生きていたときは、カツ丼といえば、豚ロース。そしてカツ丼はおじいさんの好物でした。しかし、一人暮らしになった今、豚ロースではちょっと脂っこい……いっそ、かじきまぐろでつくってみようと、新しい挑戦をするおばあさん（比呂美さん）を想像しました。ふんわりやわらかく、食べやすく、ヘルシーなはずですが、比呂美さん、おじいさんが好きだった「卵たっぷり」は守っています。おじいさんは、溶き卵の半分はしっかり火を通し、残りを半熟にするのが好きでした。そして、全体を卵で覆わず、カツのカリッとしたところも残す、その食感もおじいさん好み。比呂美さん、これを食べ、おじいさんを思いだしながら元気を取り戻せそうですね。

材料（2人分）

- ご飯――2杯分
- かじきまぐろ――2切
- たまねぎ――1/4個（50g）
- 卵――3と1/2個
- みつ葉――適量
- 塩――少々
- 白こしょう――少々
- 揚げ油――適量

■衣

- 薄力粉――適量
- 卵――1/2個
- パン粉――適量

A

- だし（かつおぶし・昆布）――80mℓ
- しょうゆ――大さじ2
- みりん――大さじ2
- 砂糖――小さじ2

つくりかた

❶かじきまぐろに塩と白こしょうをふり、薄力粉、溶き卵、パン粉の順に衣をつけます。

❷たまねぎは5㎜のくし切りに、みつ葉は2㎝に切ります。

❸油を170〜175℃に熱し、2分〜2分半、①のかじきまぐろを揚げて油を切り、食べやすい大きさに切っておきます。

❹フライパンか小鍋にⒶとたまねぎを入れ、沸いたら③を加え、軽く溶いた卵の半量を回し入れます。再び沸いたら残りの卵を加えて弱火にし、みつ葉をのせて蓋をして火を止め、30秒ほど蒸らします。

❺丼にご飯をよそい、④をのせて、できあがりです。

だいこんおろし　梅肉・甘酢しょうが・しらすのせ

比呂美さんの副菜です。昭和風なだいこんおろしに、比呂美さんの新しい感覚でミニトマトを入れてみました。

材料(つくりやすい分量)

だいこんおろし
——150g(水を切った分量)
甘酢しょうが——20g
ミニトマト——4~6個
しらす——15g

梅干し(叩いたもの)——小さじ1
砂糖——小さじ½
酢——大さじ2

つくりかた

❶甘酢しょうがは5㎜幅に、ミニトマトは半分に切っておきます。

❷ボウルに砂糖と酢を混ぜて溶かし、梅肉を加えて混ぜます。

❸②にだいこんおろしと①を加えて混ぜ、しらすも加えてさっと和えればできあがりです。

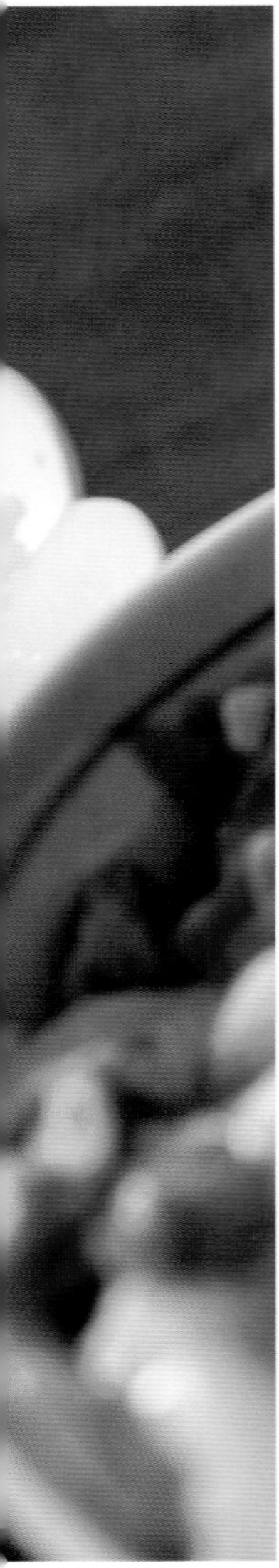

七月

オトナの調理実習

麻婆《マーボー》あんかけ焼きそば
揚げパン
白ワインゼリー

このお話、五人の同級生が登場します。

でも、ほんとうは、登場人物をもう一人増やして、六人の物語にしたいな、と思っています。

手伝ってもらえますか?

六人目の登場人物——それは、あなたです。

夏真っ盛りの七月下旬。よく晴れた暑い日の朝、若葉台ニュータウンのわかば小学校にオトナたちが集まってくる。

全員三十二歳、もしくは三十三歳——小学校を卒業して二十年目の節目を迎えた同級生である。

結婚している人、していない人、バツイチの人、子どものいる人、いない人、仕事がうまくいっている人、転職した人、非正規雇用の人、生まれ育ったニュータウンにいまも暮らしている人、親が残っている人、もうこの街とはまったく無縁になってしまった人……同級生の「いま」は、さまざま。マラソンで言えばスタートから十キロ地点、選手たちの集団がばらけてくる頃なのだ。

わかば小学校では、毎年七月の最終日曜日を『カムバック・童心デー』と名付けて、卒業二十年目のOB・OGに学校を開放してくれている。

開校はニュータウンの街開きと同じ一九六九年なので、第一回の『童心デー』は一九九〇年。バブル景気がまだ残っていて、ニュータウンも人口がどんどん増えていた頃だ。童心デーも大いににぎわっていた。

だが、あれから三十年、ニュータウンはすっかりオールドタウンになり、若葉台は「枯れ葉台」と揶揄《やゆ》されるようにもなった。そして、わかば小学校の『童心デー』も、今年で最後——児童数が減少して、ついに来年三月で閉校になってしまうのだ。

最後の『童心デー』に集まった同窓生は数十名。二〇〇〇年三月に卒業した、つまり二十世紀最後の『蛍の光』を歌った卒業生である。三クラスあったうちの半分ほどが参加したことになる。

ちなみに児童数が最も多かったのは一九八〇年代の終わり頃で、当時は全学年に五学級ずつあった。おかげで、いいのか悪いのか、「卒業まで一度も話をしたことがない」「名前も知らなかった」という同級生がいることも珍しくなかったのだが、そこからは学級数が減る一方だった。三年前からは全学年が一学級ずつになって、新年度のクラス替えのドキドキも味わえなくなってしまったのだ。みんなが幼なじみで、お互いによーく知っている――これも、いいのか悪いのか……。

『童心デー』には、当時の担任の先生たちも参加する。グループに分かれて小学校の教科書を使った授業を受けてみたり、理科室で簡単な実験をしたり、体育館でミニバスケをしたり……といった感じで午前中が終わるのだ。

そして、本題はここから――家庭科の調理実習室を使った、オトナの調理実習のお話なのである。

事前にクジ引きで決まった買い出し&調理班は、五名。

順に紹介する。

当時は児童会長だった、しっかり者のハナちゃんは、二歳の娘がいる。ママ友の人間関係に苦労しながらも、がんばっている。だが、まわりに気をつかってばかりで、最近は少し疲れ気味である。この春から公園の常連になったママがどうにもクセが強くて、本人の扱いはもとより、彼女についての悪口を言いつのるママたちのグループLINEに付き合わされるのがキツくてしかたないのだ。

ひょうきん者でクラスのムードメーカーだったダイちゃんは、せっかく『童心デー』に顔を出したのに、朝から口数が少なく、冗談もほとんど言わない。疲れているのだ。ブラックとの悪名高いベンチャー企業で、LINEの返信に追われ、営業ノルマに締め上げられて、バカがボケが死ねクソ、と上司に罵《のの》しられる毎日である。せめてものストレス解消でSNSの裏アカをつくった。リアルならとても言えないようなヘイトな毒をネットの海に撒き散らしつつ、眠れない夜を過ごしている。

おてんばの「オンナ番長」だったサホちゃんも、すっかりおとなしくなった。結婚五年目のダンナは、昔のサホちゃんなら迷わずキックをお見舞いするはずのセクハラ&モラハラ野郎だが、「誰のおかげでメシが食えてるんだ」「文句あるんだったら自分で稼いでみろよ」と言われると、返す言葉に詰まってしまう。結婚を機にフルタイムの仕事を辞めた。それをいま、猛烈に悔やんでいるのだ。

　スポーツ万能のサッカー少年だったケンタは、地元のJ2クラブのジュニアで大活躍していた。自他ともに認める、わかば小学校のヒーローである。中学や高校時代も、同じクラブのジュニアユースとユースで常にチームの中心にいた。だが、選手としての輝きはその頃がピークだった。高校卒業後に鳴り物入りでトップチーム入りしたものの、プロになってからの日々は、故障との戦いの連続だった。三十三歳のいま、悲願のJ1昇格を目指して世代交代を掲げるチームに、ケンタの居場所はない。クラブからは現役引退、生え抜きのOBとしてアカデミーのコーチ就任を打診されているのだが、まだ返事はしていない。迷っているのではない。結論は出ている。だからこそ、答えられない。終わりを自ら告げるのが、つらくて、怖い。

　そして五人目、なにごともコツコツ努力する、まじめな頑張り屋のタカシは、小学校の先生になっている。今年は六年生の担任で、いじめの問題や、受験組と公立組をどう共存させるか、モンスターペアレント問題、思春期に入りつつある女子の扱いづらさ……などなど、苦労の連続である。一学期の終わりには、クラスの子から「努力したって意味ないじゃん」と言い放たれてしまった。ひねくれた子ではない。むしろ、かつての自分のような、まじめな男子だった。だからこそショックだったし、それ以上に、きちんと反論できなかったことが悔しくて、情けなくて……。

　そんな五人がチームになって、「童心にかえる料理」をつくるのである。

さて、そこに六人目が登場――。

あなたは、どんなキャラになって、この五人組に加わるでしょうか。

　生まれ年や世代を、ことさら意識する必要はないかな、と思います。小道具や語彙《ごい》のあれこれは二〇〇〇年三月に卒業した二十年後という設定に合わせていますが、そのあたりはどんどん入れ替えてOK――そもそも、このお話、新型コロナを思いっきり「なかったこと」にしてるしね。

ただし、三十二歳か三十三歳という年齢だけは合わせていただきましょう。まだ若い。でも、若々しくはない。社会の荒波を知った。でも、その波をかいくぐるコツは会得していない。自分の人生の天井がなんとなく見えてきた。でも、あきらめているわけではない。……そんな年齢だと思うのです、三十二歳とか三十三歳は。

その年齢をいまリアルに生きている人は、どうぞ、ご自身を反映したキャラ（アバターと呼んだほうがいいのかな？）を物語に加えてみてください。

すでに通り過ぎた人には、あの頃の自分を思いだしていただきましょう。苦笑交じりになるのか、胸がチクッとするのか、ため息が漏れてしまうのか、肩をポンと叩いてやりたくなるのか……あなたは、どうでしょうか。

これから三十代を迎えるという若い人には、想像してもらいます。五年後？　十年後？　十五年後？　いずれにしても、連戦連勝、幸せいっぱい、文句なし、という未来を思い描くと、「甘すぎる！」と叱られてしまいそうなご時世です。イヤですね。

確かに、お話にプリインストールしておいた五人のプロフィールからもおわかりのとおり、小学六年生の子どもたちを待ち受けている二十年後の未来は、バラ色に光り輝くお花畑というわけではなさそうです。五人とも、たくさんの（たいせつな）ものを失っている。一方で、たくさんの（よけいな）ものを背負わされている。

でも、忘れないでほしいことがあります。

五人は、自分の意志で『童心デー』に参加したのです。無理やり連れて来られたわけでも、誰かに付き合ってしかたなく出かけたわけでもなく、「よし、行ってみよう」と母校に向かったのです。

懐かしさにひたるため？

キツい現実を、束の間でも忘れたいから？

さあ、それだけかな……。

五人には、まだ失っていないものがあります。

五人は、まだ重荷に押しつぶされているわけではありません。

僕はそう信じて、彼らに集まってもらったつもりです。

そして、六人目の、あなたにも――。

なにをつくろう。

話は、すんなりとはまとまらない。みんながみんな料理が得意というわけではないし、会っていなかった歳月のブランクもすぐには埋められない。

無口になっちゃったなあ――。

ハナちゃんはダイちゃんを見て思う。

ちょっと痩せたかなあ――。

ダイちゃんはサホちゃんを見て思う。

考えごとをしてる時間が長くない――?

サホちゃんはケンタを見て思う。

あいつ、ちょっと笑い方が弱々しくなってないか――?

ケンタはタカシを見て思う。

昔はもっと強引にグイグイ決めてたのになあ――。

タカシはハナちゃんを見て思う。

だが、「いただきます」で始まって「ごちそうさま」で終わる物語は、ハッピーエンドでなくてはいけない。


ソクラテス曰く「最上のソースは空腹である」――子どもはおなかがぺっこぺこのときに、ごはんをおいしく食べられる。でも、オトナになると、ちょっと違う。オトナは「ココロのおなか」が減っているときに、ごはんの味がひときわ深く染みるのだ。

どんなごはんができたかな（飯島さん、よろしくネ）。

「いただきます」と「ごちそうさま」の間で、五人の表情はどんなふうに変わったかな。

答えは書きません。かわりに、ヒントになるかもしれない、小さな小さなエピローグを。


その夜――。

ハナちゃんはママ友のＬＩＮＥを既読スルーした。

ダイちゃんは裏アカのＳＮＳを閉鎖した。

サホちゃんは職探しアプリをスマホにインストールした。

所属クラブの練習グラウンドを訪ねたケンタは、無人のゴールに向かってシュートを何本か蹴って、その半分をはずしてしまい、苦笑交じりに夜空を仰いで、明日の朝イチにクラブに電話を入れることを決めた。

タカシは担任している六年一組の学級通信の『夏休み臨時増刊号』をパソコンでつくった。巻頭のコラムのタイトルは、『努力をすれば、ごはんがおいしくなる！』だった。

さあ、六人目の仲間は、昼間どんなごはんをつくって、今夜、なにをするのかな――？

麻婆あんかけ焼きそば

麻婆《マーボー》あんかけ焼きそば

「オトナの調理実習」のために集まった仲間たち、メインディッシュを決めるのにもめたのではないかな？　と想像しました。いろいろな意見が出て、最後は「麻婆豆腐がいい」「あんかけ焼きそばだ」と、2つまで絞ったのに決着がつかず、誰かが「両方一緒にしちゃえばいいんじゃない？　麻婆麺っておいしいもの」と。そうしてやっと決まったのがこのメニューです。麻婆味なら、ふつうは使う豆鼓《トウチ》や甜麺醤《テンメンジャン》などの調味料を使わず、豆板醤《トウバンジャン》と花椒《ホアジャオ》、いつものみそで工夫します。ちなみに麻婆味というえば、わたしが子どものころ、デパートの上の大食堂に家族で行くと、決まって頼むメニューが麻婆ラーメンでした。姉がお子さまランチでも、なぜかわたしは麻婆ラーメン。あわせて頼んだコーラフロートとともに、小学生時代の思い出の味です。

材料（2〜3人分）

焼きそば麺――2玉
豚ばら肉（スライス）――150g
豆腐（絹）――1丁
うずらの卵（茹でたもの）――6個
長ねぎ――½本
にんにく（刻み）――小さじ1
しょうが（みじん切り）――小さじ2
鶏スープ（顆粒タイプを溶かしても※）――300mℓ
豆板醤――大さじ1
しょうゆ――大さじ1と½
みそ――小さじ2
酒――大さじ2
油――大さじ½
花椒――適量

A
片栗粉――大さじ2
水――大さじ3

※顆粒タイプは塩分があるので、④でみそ、しょうゆを加えるさい、少しずつ入れ、味をみて、ととのえてください。

つくりかた

❶豆腐を1.5㎝角に切り、下茹でしておきます。
長ねぎは粗みじんに、
豚ばら肉(スライス)は1㎝幅に切っておきます。

❷フライパン(あるいは鍋でも)を中火にかけ、
油をひき、豚肉を炒めます。
脂が出たら刻んだにんにく、
みじん切りにしたしょうが、
豆板醬、長ねぎの半量を加え、さらに炒めます。

❸油(分量外)をひいた別のフライパンに、
焼きそば麺をひろげ、
表面がカリカリになるように焼いておきます。

❹②の香りが立ったら、酒、鶏スープ、
しょうゆ、みそを加えて混ぜ、
沸いたら下茹でした豆腐とうずらの卵を加え、
さらに2～3分煮ます。

❺Ａを溶かして加えて混ぜ、とろみがついたら
残りの長ねぎを加え、火を止めます。
(ここであんができます。)

❻③の麺を皿に盛り、⑤のあんをのせ、
仕上げに粗くひいた花椒をかけてどうぞ。

揚げパン

「揚げパンっておいしかったよね！」と懐かしく思い出すものの、いちからつくるのはとっても面倒じゃないか？　と、いったん、調理実習での採用案はナシに。でも誰かがネットで調べてみたら「ロールパンを揚げちゃえばいいらしいぞ」と、それを実行にうつすことになった、という設定を考えました。いざつくってみると、油の表面にパンが浮いてしまうことに驚き。でも、むりに沈めず、表面でころころ転がすように、キツネ色になるまで揚げれば大丈夫とわかります。おそらくこの調理実習では、それが楽しくて「俺につくらせろ」という男子の声が続出したのではないかと想像します。きなこにシナモンをちょっと混ぜたのがオトナの工夫。塩をちょっとふるのが甘さを際立たせるコツです。それにしても、揚げたてのパンのおいしさといったら！　これは給食では（さめていて）知ることができなかった味ですよね。ちなみに、あんパンを揚げてもおいしいですよ。けれども、それなりのカロリーになるので食べすぎ注意。お子さんのおやつにどうぞ。

材料（4人分）

ロールパン――4個
きなこ――20g
砂糖――大さじ2～3
シナモンパウダー――小さじ½～1
塩――ひとつまみ
揚げ油――適量

つくりかた

❶きなこ、砂糖、シナモンパウダー、塩を合わせます。
❷160℃程度に熱した油でロールパンを1分半から2分揚げます。沈まず浮くので、時々ひっくり返して全体を揚げてください。
❸よく油を切り、①の合わせた粉をまぶしてどうぞ。

白ワインゼリー

ほんとうはお酒を持ち込みたかったけれど、そういうわけにもいかず、子どもっぽい見た目でオトナの味のものを、きっと誰かが考えそうです。そこで、給食でたまに出て人気だったフルーツゼリーを白ワインでつくることに。こういうのって、悪いことしているみたいで、ちょっとワクワクしますよね。ワインは沸騰させず、あえて、ほんのりアルコールが残るように。辛党のメンバーのため、甘さは好みで調整できるよう、基本はうす甘で、食べるときにはちみつで調整します。入れるフルーツは、季節に応じて、生のもの、缶詰のものなど、いろいろ試してみてください。

材料(3〜4人分)

水――250mℓ
白ワイン――200mℓ
粉ゼラチン――5g
水(ゼラチンふやかし用)――50mℓ
グラニュー糖――大さじ2
はちみつ――適量

■具
カットパイナップル――100g
桃――1個(約140g)
みかんの缶詰(190g缶)――1缶
さくらんぼの缶詰(90g缶)――1缶
ライム――¼個
スペアミント――適量

つくりかた

❶粉ゼラチンを水50mℓにふり入れてふやかします。
❷鍋に、水とグラニュー糖を入れ火にかけ、ふやかしたゼラチンを加え、溶けたら火を止め、

白ワインを加えて混ぜます。

❸②を適当な容器に入れて、粗熱がとれたら、
冷蔵庫で冷やして固めます。

❹くだものを小さめの一口大に切ります。
（缶詰のみかんとさくらんぼはそのままで。）
ライムを皮付きのまま薄切りにし、
スペアミントは刻んでおきます。

❺食べる直前に、
③の固まったゼリーをフォークなどで崩し、
くだもの、ライム、ミントを和え、器に盛ります。
食べる時に、お好みではちみつをかけてどうぞ。
生のくだものとゼリーを合わせると
ゼリーが溶けやすいので、
食べる直前に和えましょう。

八月

雨降ってあじフライ

あじフライ、かますフライ、
　いかフライ、ささみの梅酢フライ
あさりの卵焼き
れんこんのきんぴら

夏の終わりの港町に、その家族はワゴン車に乗ってやってきた。

松本さん一家——還暦間近の夫の義男さんと妻の裕子さん、そして加奈と亜由美の四人家族である。

長女の加奈は、九月早々に結婚式を挙げる。あと二週間である。タイミングを合わせるかのように、ゲーム会社に勤めている妹の亜由美も、経済成長著しいインドネシアのジャカルタに赴任することになっている。

二人は社会人になってもずっと自宅から通っていたのだが、ついに親のもとを離れる。加奈が二十八歳で、亜由美は二十五歳。つまり、四半世紀も続いた「一つ屋根の下の四人家族」の歴史が終わり、「三人家族」という段階すら踏むことなく、一気に「夫婦二人」の生活になってしまうのだ。

寂しさを感じる以前に、義男さんには戸惑いのほうが強い。「おいおいおい、え? なに……?」という感じだった。

もともと、「趣味は家族」が口癖で、マイホーム・パパの見本のような義男さんである。家族で過ごす時間をなにより大切にして、若い頃から上司にイヤミを言われ、同僚の冷ややかな視線を浴びながらも、「仕事よりも家族」を貫いてきた。

そんな義男さんにとって、娘二人の巣立ちは、文字どおり我が身を引き裂かれるようなものだった。

むろん、それはめでたい話なのだ。文句を言ってはいけない。拍手と笑顔で送り出さなくてはならない。

義男さんは週末の家族旅行を企画した。伊豆の貸別荘で一泊二日の、最後の家族水入らずの時間を過ごそう。

家族の賛同を得た義男さんは、大いに張り切って計画を立て、必要なお店の予約もした。

そこまではよかった。

しかし、思いもよらない事態になってしまった。

西日本に接近している台風の影響が、伊豆半島にも及んだ。

出発の前日——金曜日に発令された大雨波浪注意報は、土曜日の朝には警報に切り替わった。

実際、現地は雨が降りしきっていて、海も大しけである。

楽しみにしていたランチクルーズは中止になり、立ち寄るつもりだった日帰り露天風呂も、庭園が自慢の美術館も、レンタサイクルでめぐるスタンプラリーも、すべてキャンセル――。

思わず「天中殺か……」と、この世代ならではの死語まで口にしてしまう義男さんなのだった。

一家団欒《だんらん》を大切にする義男さんが特にこだわっているのは、食事の時間である。朝食と夕食は家族そろって食べるのが基本で、さすがに娘たちが大学生になってからは毎晩というのは難しくなったが、それでも「できるだけ四人で」という姿勢は保ちつづけ、「最低でも三人いないとメシにしない」と、過半数確保が「いただきます」の条件にもなっていた。

昼食も、ないがしろにはしない。家族のグループLINEをつくると「ランチの写真をみんなで投稿しよう」と言いだすし、外回りで加奈さんや亜由美さんのオフィスの近くにいるときには「たまにはランチでもどうだ？　ごちそうしてやるぞ」……。

悪い父親ではない。ご時世も変わったのだろう、会社の若手にも「ベストファーザー賞に推薦したいですよ」と真顔で言われる。

ただしそれは、遠目に見ているからこそ、かもしれない。

娘たちにとっては、若干の――いや、かなりのウザさがある。

加奈も亜由美も、思春期を迎えると少しずつ父親と距離を置くようになっていた。裕子さんもそれを咎めず、むしろ娘たちの側についた。

気がつくと別行動をすることが増えた。「裕子さん・加奈・亜由美」の女子チームと、義男さんが孤立無援でがんばる男子シングルに分かれてしまうのだ。

おととし、家族で温泉旅館に出かけたときもそうだった。女子チームが長風呂から上がるのを待つ間、手持ちぶさたの義男さんはすっかり湯冷めしてしまった。しかも夕食のあとは女子チームは連れ立ってエステルームに出かけ、一人で残された義男さんは、部屋に置いてあった木製のパズルで暇をつぶすしかなかったのだ。

今回の家族旅行の宿泊先を貸別荘にしたのも、温泉旅館での反省を踏まえてのものだった。

これなら、女子チームもどこにも行けない。行かせない。「団欒」と「監禁」がビミョーに重なってしまう気もしないではないのだが……とにかく、義男さん、最後の家族旅行に向けて、準備は万端整えていたのだった。

そこに台風である。

女子チームは、イベントが次々にキャンセルになってもまったく気にせず、ワゴン車をリビングルームにしておしゃべりを楽しんでいる。おしゃべりに一段落ついたら、人気のゲームをやったり、コンビニの新作スイーツの食べ比べをしたり、タブレットで配信の韓国ドラマを観たり……。

運転する義男さんは、当然ながら、そこには加われない。

そもそも、七人乗り三列シートのワゴン車で、なぜ女子チームはセカンドシートとサードシートを使うのだろう。なぜ助手席に誰も座らないのだろう。

義男さんには、まったくもって納得がいかない。加奈も亜由美も運転免許を持っているのだから「パパ、代わろうか?」ぐらいは言ってもバチは当たらないと思うのだが……。

しだいにイライラしてきた。

せっかくの家族旅行なのに。

これが、我が家の「一つ屋根の下」時代の、最後のイベントなのに。

台風のせいで、土曜日の予定はすべてキャンセルになった。日曜日の午前中に予約していた燻製《くんせい》体験教室も、天気次第ではどうなるかわからないと言われ、ほとんど逆上気味に「じゃあ、もういい、キャンセルしてください!」……。

義男さん、一所懸命にがんばる人ではあるのだが、融通が利かない。うまくいかないことを楽しむ、ということができない性格なのだ。

そんなハードラックな休日のとどめは——。

ディナーには、知る人ぞ知るシーフードレストランを予約していた。店主はまだ三十代の若手で、マスコミの取材は苦手らしいが、地元の食材を大切にしたケレン味のない料理が注目を集めつつあるのだという。悪くない。チャラチャラしないところがいい。娘たちの巣立ちを祝うにふさわしい店である。さらに、パティシエールでもある店主の奥さんがつくるホールケーキもサプライズでオーダーした。チョコレートのボードに書いてもらうメッセージは——。

〈Bon Voyage!　Kana & Ayumi〉

良き航海を、と娘二人に伝えたかったのである。

ところが、夕方になって店主から電話がかかってきた。

小学生の息子さんがケガをして病院に運ばれた、という。

ケガじたいはさほど重くはなかったが、頭を打ってしまった。念のために大きな病院に移って、一晩入院して様子を見ることになった。フロアを担当する奥さんが付き添うので、今夜は店を開けられない。たいへん申し訳ないのだが、予約はキャンセルにしてもらえないか……。

事情はわかる。よーくわかる。しかし、こっちだって「じゃあ、また来週」というわけにはいかないのだ。娘たちのために考えた企画がことごとくつぶれてしまい、これが最後のチャンスなのだ。

頭では「そんなことを言っている場合じゃないだろう」とわかっていても、思いが収まらない。理屈は通らなくても、とにかく、怒りとも悲しみともつかないものが込み上げてきて、止められない。

食事の時間は奥さんのいるタイミングに合わせて、うんと早めてもいい、品数を減らしてもかまわない、給仕はセルフサービスでもまったくだいじょうぶ……。

電話口で食い下がる義男さんの背中を、女子チームは、黙って、じっと、寂しそうに見つめていた。

だが、どんなにねばっても、最後はあきらめざるをえない。

店主が「別の店を紹介します」と言うのを「もうけっこうです」と断って、義男さんは電話を切った。自分ではそのつもりはなかったのだが、思いのほか険のある口調になってしまった。

そこに加奈が一言、ぽつりと——。

「『息子さんお大事に』って最後に言ってあげればよかったのに」

亜由美も、つづけて——。

「パパの性格だと、すぐに電話を切ってあげるんだと思ってた。『ウチはだいじょうぶですから、早くお父さんも息子さんのところに行ってあげてください』って」

確かにそのとおりなのだ。

いまさらながら後悔した。店主に対しての申し訳なさもつのった。俺はなんと人間が小さいんだ、と自己嫌悪に陥る。

しかし、その一方で、じゃあどうすればよかったんだ、とも思う。

今日は特別な一日で、俺はとにかく家族のために精一杯のことをやってやりたくて……でも、それが全然思いどおりにならなくて……なにかをしたいんだ、家族のために、なんでもいいから、なにかを……。

結局、夕食は貸別荘で食べることになった。

「いいじゃない、地元のスーパーマーケットで買い物するのも面白いわよ。B級グルメもあるかもしれないし」

裕子さんが言うと、娘たちも「そうそう、ロコに人気のお菓子とかね」「逆に、伊豆まで来て、あえてカップ麺っていうのも、一周回ってウケるかも」と盛り上がった――やはり、女子チームの結束は固いのだ。

買い物の間、義男さんは駐車場に駐めた車から降りなかった。「パパも行かない?」と誘われたものの、「いいよ、運転して疲れたから、ちょっと休んでる」と断ったのだ。

だが、車内で三人の帰りを待ちながら、ため息交じりに認めた。確かに疲れてはいても、買い物に付き合えないほどではない。断ったのは、気後れしてしまったせいだ。三人の中に自分が交じってもいいのか、邪魔にならないのか、誘ってくれたのも本気ではなく、義理や社交辞令に過ぎないのではないか……。

しっかりしろ、と自分にハッパをかけた。まだ家族旅行は終わっていない。メインのイベントが待っている。サプライズである。勝負はそこだ。そこさえうまくいけば、いままでの不運を埋め合わせてお釣りが来るはずなのだ。

義男さんは、会社の若手に頼んで動画を用意していた。

我が家の歴史をたどった動画である。

加奈と亜由美が生まれたときから、つい最近に至るまで、せっせと撮影を続けてきた。最初の頃は8ミリビデオで、二人が高校生と中学生になってからはデジタルビデオ――テープもSDカードも、たくさんある。特に子どもたちが幼かった時代の8ミリテープは、数が多すぎて整理が追いつかないほどだった。

加奈の結婚が決まった今年の年明けから、暇を見つけてはテープやカードを再生してインデックスをつくった。亜由美の海外赴任が決まった四月からは、スピードを一気に上げた。加奈一人のはずだったヒロインが、加奈と亜由美の二人になったのだ。急がなくてはならない。それも、娘たちはもちろん、裕子さんにもナイショで。

アーカイブスの整理はなんとか終わっても、本番はここから。幸い、義男さんの同僚には動画編集に詳しい若手がいた。結婚披露宴の定番――新郎新婦の歩みを振り返る動画をアルバイトで月に何本もつくって、けっこうな副収入になっているらしい。

その彼に、そこそこの金額の謝礼を払って動画をつくってもらった。むろん、裕子さんにナイショという ことは、我が家の財布は使えない。ヘソクリをはたいた。悔いはない。それだけの価値はあるはずなのだ。

彼もしっかり納期を守ってくれた。編集にあたっては最新のエフェクトも駆使して、「我ながら、レベルの高い動画に仕上がったと思います」と笑っていた。

ただし――。


「松本さん、ほとんど登場してません」

「――なんで？」

「だって、ずっと撮影担当だったんでしょう？　松本さんがカメラを持ってるわけだから、画面には入らないんですよ」

確かに、そうだった。あたりまえのことなのに、言われるまで気づかなかった。

「素材でお借りした動画で松本さんが登場してる場面は、できるだけ使ってます。でも、とにかく、もともとの回数や時間がほとんどないんで……そこは、ご理解ください」

せめてものサービスで、エンディングのスタッフロールに〈撮影・パパ〉を大きく入れて、静止画を何枚も出してくれたらしい。

「なんか、映画のエンディングで、途中で死んだキャラを懐かしむような感じになっちゃったんですけど……」

やむをえない。

とにかくこれは、娘たちに捧げる動画なのだ。

貸別荘のテレビの機種やサイズはあらかじめ確認してある。モニターは65型である。自宅のテレビよりかなり大きい。それを知ったとき、思わずガッツポーズが出た。

スマホの動画を大画面で見るための接続環境も念入りに調べた。必要なケーブルやアダプターも持参した。よし、これならだいじょうぶ。再生時間は十分ほどでも、動画を観たあとはおしゃべりのネタは尽きないはずだ。一時間や二時間は、あっという間に過ぎるだろう。

サプライズで「はい、テレビに注目！」と動画を再生したら、絶対に家族は喜ぶ。びっくりして、昔を懐かしんで、おそらく……泣くな、うむ、泣くよな、絶対に、泣くぞー、加奈も亜由美も泣いちゃうぞー、よし、よし、よーし……。


ところが、貸別荘にチェックインした数分後、義男さんの目論見《もくろみ》はもろくも崩れ去ってしまった。

貸別荘のテレビは、ネット動画アプリに対応していた。

それを知った女子チームは、すぐさま「推し」の韓流アイドルの配信番組にアクセスした。

三人そろってワインを飲み、惣菜をつまみながら、大画面にどーんと映し出されたイケメンたちに、きゃあっ、きゃあっ、と大騒ぎなのだ。

止めればいい。「配信はまたウチに帰ってから観ればいいだろ」と言えばいい。「それより、じつは、みんなに見せたいものがあるんだ」とスマホをテレビにつないで動画を再生すれば、三人は絶対にそっちに夢中になってくれる。

理屈ではわかっていても、ココロの根っこがひねくれて、ぷい、とそっぽを向いて、すねてしまった。

ワインをぐびぐび飲みながら、三人の「推し」の悪口を言いつのった。こんなのどこがいいんだ、くだらん、メシ食いながらしゃべってるだけじゃないか、パパの時代のジュリーはもっとカッコよかったんだ、ママだって覚えてるだろ、なんだよ、裏切るのかよ、たのきん知ってるか、カナ、アユ、おまえらは知らないと思うけど、昔は『ザ・ベストテン』ってのがあって、今週のスポットライトとかなんとか、司会が黒柳徹子さんなんだよ、そうそう、あの黒柳徹子、髪形はいまと同じなんだよ、奇跡だよ、悪かったな、パパは昔より薄くなったよ、しかたないだろ、そんなの……。

話がずれる。

存在が浮く。

家族とのココロの距離は広がる一方だった。

女子チームはテレビの画面から目を離さず、はいはいはい、そうだねそうだね、と受け流しながら、うっとうしがっている。それはそうだ。あたりまえだ。自分でもわかる。だが、どうにもならない。

いつしか、義男さんの不満はテレビの韓流アイドルではなく、女子チームに向いてしまった。

箸の上げ下ろしレベルの細かい文句をくどくどと言い始めると、娘たちも「推し」との時間を邪魔されて、黙ってはいられない。いままで我慢してきたパパのウザさを口々に言いだす。間に立ってとりなす裕子さんも、よく聞いてみたら、今度から「パパと二人きり」になってしまう毎日に、早くもうんざり気味の様子で……。

家族の楽しかった歴史をたどるはずの一夜が、それまでの溜まり溜まった文句をぶつけ合う場になってしまった。

なぜこうなってしまったのか。わからない。なにがいけなかったのか。悪いのは天気だけだ。

雨はますます強くなってきた。真夜中がピークで、明日の朝には台風一過の晴れやかな天気になるとのことだが、ほんとうだろうか。いや、もう、そんなもの、どうでもいいのだ。

義男さんはふてくされて、一人で早寝してしまった。

眠りに落ちる前に、ふと思った。

あのレストランの息子さん、だいじょうぶだったかな、たいしたことがないといいけどな、しつこくねばって悪いことしちゃったな、ほんとに……。

義男さん、根は優しい人なのだ。なのに、なぜか――いや、だからこそ、こういうときに空回りしてしまう人なのだ。


翌朝は、天気予報どおり青空が広がった。

二日酔いでベッドからなかなか出られずにいる義男さんの耳に、リビングから女子チームの話し声が聞こえる。ほどなく、車で出かける物音もした。

時計を見ると、まだ朝七時過ぎだった。

怪訝《けげん》に思ってダイニングに出ると、一人で残っていた裕子さんが、朝食の支度をしていた。食器を並べるだけではなく、いまから本格的な料理を始めそうな、なんだか大がかりな支度だ。

聞くと、ゆうべ買い物をしたスーパーでは、日曜日の朝は漁港直送の朝市が駐車場で開かれるのだという。

「昨日買い物したときに訊いてみたら、今朝も雨さえあがればやるんだって。だから、昨日のうちにパン粉や小麦粉を買っておいたの」

で、いま、二人は朝市に食材の買い出し中、と裕子さんはいたずらっぽく笑う。

「……なにをつくるんだ？」

「朝市で売ってる魚しだいだけど、フライにするね。あじとか、いかとか、あとは、かますも……みんな揚げ物に向いてるから」

「朝から揚げ物？」

「いいじゃない、魚なんだからヘルシーよ」

そもそも、なぜ揚げ物なのか——。

「昨日のパパ、夕方まで、なにをやってもうまくいかなくて、ずーっと落ち込んでたでしょ。だから、気分をアゲないとね、って」

「……それで、フライなのか？」

駄洒落かよ、とあきれかけたら、裕子さんは真顔になって言った。

「カナもアユも、パパのことを心配してくれてるのよ」

昨日の夕方に買い物をしている時点で、「パパだいじょうぶかなあ」「空回りしてるよねえ」「血圧高めなんでしょ？」「ストレス溜まるとよくないよ」と案じていた。貸別荘にチェックインしてからの困った酔いっぷりに、娘たちの心配はさらにつのってしまった。

「だから、今朝は出がけに、朝市に貝があったら、パパに食べさせよう、って」

あさりなどの二枚貝はミネラルが豊富で、アラ還に不足気味の栄養素をカバーできるらしい。

「そうか……うん……そうだったのか」

いい歳をして娘たちに心配をかけた申し訳なさと、心配をしてもらったうれしさとが、フクザツに入り交じる。

「ねえ、チェックアウトはお昼だよね。それまでどうするの？　燻製教室、この天気だったらできると思うけど」

確かにそうだった。

「でも、もう、キャンセルしちゃったんだよね」

「……ああ」

それも、向こうにケンカを売るようなキツい口調で

――。

もう一度電話をかけて、昨日の非礼を詫びて、再予約をするしかないのか、と覚悟を決めた。もちろん、空きがあるかどうかはわからないし、たとえ空いていても、受け容れてもらえるとは限らない。

「まあ、ダメ元で、あとで電話を――」

「そうじゃなくて」

「――え？」

「あなた、ゆうべ、ほんとうはなにかイベントを考えてたんじゃないの？」

見抜かれていた。

「ゆうべ、ふて寝しちゃったあと、カナとアユが言いだしたの。パパはすごく楽しみにしてたことがあって、それができなくなって怒ってたんじゃないか、って」

だから、今日の午前中はそれをあらためてやり直そう、と女子チームで決めていた。

「勝手に想像しただけなんだけど……どう？　合ってる？」

義男さんはそっぽを向いて、言った。

「まあ……うん、なんにもないっていうわけじゃないけどな」

裕子さんはクスッと笑った。

いけない。この笑い方は、なんというか、ダンナのことはお見通し、という余裕の笑みではないか。

さらに、裕子さんのスマホにＬＩＮＥの新規メッセージが着信した。メッセージを読んだ裕子さんは、

「ねえねえ」と義男さんに言った。

「朝ごはんもまだなのにアレなんだけど、お昼、いまのうちに決めない？」

「はあ？」

「ゆうべ行けなかったシーフードレストラン、今日はランチをやってるみたいよ」

加奈と亜由美は、スーパーマーケットの朝市で買い物をした帰り、あのレストランの前を通りかかった。すると、店に出入りする人影があった。

「ご主人が仕込みをしてたの」

と、いうことは――。

店を訪ねた二人は、ゆうべのディナーの予約客だったことを伝えて、事情を訊いた。

「ケガをした息子さん、だいじょうぶだったみたい。朝六時にお医者さんから『もう心配ないでしょう』って言われて、奥さんは病院に残ってるけど、お父さん

の方はお店に戻って……徹夜明けになったけど、どうせもう眠れそうにもないから、って……」

ランチ営業をやる、と決めた。

そんな店主に、加奈と亜由美は声をそろえて「じゃあ予約します！」と言った。

「だから、ランチはそこで……いいよね？」

もちろん、義男さんに異存などあるはずがない。

ひっかかりがあるとすれば、なぜ、その連絡が家族全員のグループＬＩＮＥではなく、女子チームのグループＬＩＮＥに来たかということなのだが……まあいい、そこは深追いしないようにしよう。

別荘の外で車が入ってくる音が聞こえた。

さあ、朝メシだ。急に腹が空いてきた。

気持ちをアゲてくれる揚げ物、なにを買ってきたんだ――？

義男さんは、娘たちを出迎えるために、玄関のドアを開けた。青空が広がる。真夏のまぶしすぎる青ではなく、秋の気配を感じさせる優しい青が、目とココロに、染みた。

あじフライ、かますフライ、いかフライ、ささみの梅酢フライ

あじフライ、かますフライ、いかフライ、ささみの梅酢フライ

さっぱりしていて、いっぱい食べられる揚げ物をつくるのには、パン粉のこまかさが大切です。イタリアで食べたこまかいパン粉を使ったフライ類が軽くてサクッとしていたので、このレシピも、こまかいパン粉でさっぱり、カリッと。お魚を開くのが難しいというかたは、購入した鮮魚店でさばいてもらっても。また、かますがない場合は、あなご、はも、たいやすずきの切り身などでもいいですよ。

だいこんおろしやポン酢などを用意しているのも、家族それぞれの好みで味を変えて、たくさん食べられるようにとの工夫です。そう、この家族はちっともバラバラじゃなくて、それぞれの個性を尊重しているんです。それをまとめているのは、きっと、お母さんなんでしょうね！

鶏のささみは、梅酢にからめておくと下味がつき、しっとりと水分を保ちます。パサつきやすいささみがジューシーになります。ささみの代わりに豚ヒレ肉や牛もも肉などもいいですね。レモンやケイパーなど酸味をきかせたタルタルも合いそうですね。

材料（4人分）

あじ――4尾
かます――2尾
やりいか――1ぱい
鶏ささみ――4本
塩――適量
こしょう――適量
梅酢――大さじ2
薄力粉――適量
卵――3個
（魚介類用2、鶏ささみ用1）
パン粉――適量
揚げ油――適量
だいこんおろし、ポン酢、
ソース、しょうゆ、山椒、
七味とうがらし、
わさびなど――お好みで

つくりかた

❶魚といかをさばきます。
あじは背開きに、かますは三枚に、
やりいかは内臓を出し、
皮を剝いて2～3㎝に切ります。

❷あじとかますは身に、やりいかは全体に
塩、こしょうを少々ふり、
薄力粉、溶き卵、パン粉の順で衣をつけます。

❸鶏ささみは筋を取り、
梅酢にからめ5分ほどおきます。
水分をさっと切って、
薄力粉、溶き卵、パン粉の順で衣をつけます。

❹約170℃の揚げ油で、
魚介類はそれぞれ2～3分、
鶏ささみは2分半～3分、
キツネ色になるまで揚げます。

❺キッチンペーパーを敷いたバットに取り、
しっかり油を切ってから、揚げ網にのせましょう。

❻器に盛り付け、
お好みでだいこんおろしやポン酢、ソース、
しょうゆ、山椒や七味とうがらし、
わさびなどを添えいただきます。

あさりの卵焼き

あさりのだしを使ってつくります。やわらかく、つゆだくの「卵とじ」的な仕上がり。たまねぎも入っているので、ご飯にのっけて「あさりの卵とじ丼」にしてもよいかもしれません。

材料（4人分）

あさり――250g
水――大さじ2
たまねぎ――¼個
卵――4個
酒――大さじ2
しょうゆ――お好みで

つくりかた

❶あさりを砂抜きしておきます。

❷たまねぎは、繊維を断ち切るように、5㎜ほどの薄切りにします。

❸深めのフライパンにあさり、たまねぎ、酒、水を入れ、蓋をして加熱します。あさりの口が開いたら火を止めます。

❹あさりの殻は外しておきます。汁の味をみて、薄ければ塩ひとつまみ（分量外）を足してください。（汁は80㎖を目安に。足りなければ水を足し、多ければ煮つめてください。）あさりから出ただしは、そのまま使います。

❺③のフライパンを再加熱し、沸騰したところでボウルで溶いた卵を細く回し入れ、火が通りはじめたふちから返し、全体をさっくり混ぜ、半熟になったら火を止めます。

❻皿に移し、お好みでしょうゆをかけてどうぞ。

れんこんのきんぴら

きのこ（しいたけとまいたけ）も入っている、具だくさんのきんぴらです。お弁当にもぴったり。

材料（つくりやすい分量）

れんこん――100g
しいたけ（生）――2枚
まいたけ――½株
赤とうがらし（輪切り）――少々
砂糖――小さじ1～大さじ½
しょうゆ――大さじ1
酒――大さじ2～3
ごま油――大さじ1

つくりかた

❶れんこんはタテ半分に切り、大きければさらに半分に切って、5㎜のスライスにして、薄い酢水（分量外）につけておきます。

❷しいたけの石づきを取り、5㎜幅に切ります。まいたけも石づきを取り、食べやすい大きさにほぐしておきましょう。

❸フライパンを熱し、ごま油をひき、水洗いし水気を切ったれんこんを透きとおるくらいまで炒め、しいたけ、まいたけを加えてさらに炒めます。

❹油が全体になじんで具材に火が通ってきたら、赤とうがらし、砂糖、しょうゆを加え、1分ほど炒めます。さらに酒を加えて、少し食べてみて、好みの固さになるまで炒めましょう。味が薄ければ塩（分量外）で味をととのえてください。

九月

あの町の大切な郷土料理を、ご存じですか？

フルーツポンチ

編集部に届いたメールの件名は「フルーツポンチは鍋ものです」だった。ひと昔前に話題になった「カレーは飲みものです」をもじって、読者の情報提供ボックスに一日に何十通も届くメールの中で、少しでも目立とうとしたのか。

私は、やれやれ、と苦笑して本文を開いた。向こうの思惑どおりになって悔しい気もしないではなかったが、読者からの情報はウチの雑誌に欠かせないし、確かにそのフレーズには「おっ？」と思わせるものがあった。

投稿したのは、太田さんという。九州地方の山間部にあるS町の職員だった。〈町役場の一年生〉とあるので、「くん」付けのほうがいいだろうか。

私が編集長を務める『旅めし』――単刀直入な誌名どおり、旅行とグルメの二本柱で展開するウェブマガジンには、B級グルメによる町おこしを狙う地方の自治体やグループからの売り込みが絶えない。太田くんのメールも、S町をぜひ記事で採りあげてほしい、というものだった。

〈昭和の喫茶店や立食パーティーでおなじみのフルーツポンチですが、私の地元・S町では、フルーツポンチはデザートやスイーツではなく、鍋ものと同じ扱いなのです〉

なるほど、と私は苦笑交じりにうなずいた。

パーティーやビュッフェでは、フルーツポンチは大きなパンチボウルからレードルで取り分ける。やや屁理屈気味ではあっても、鍋ものと呼べないこともないだろう。ただし、それを言いだすと、京都のおばんざいのような大皿料理はすべて鍋ものになってしまうのではないか？

すると、太田くんは、まるでこちらの反応を見抜いているかのように続けた。

〈取り分ける料理だから鍋もの、という意味だけではありません。肝心なのは気持ちです。スピリットです。S町のフルーツポンチには、鍋ものと同じスピリットが息づいているのです〉

ということは、フルーツポンチが郷土料理なのか――？

思わず小首を傾げたら、これも見抜いていたのか、文面はこう続いていた。

〈私たちとフルーツポンチとのかかわりについてご説明します。少し長いのですが読んでください。そして、もしも興味を持っていただければ、ぜひS町に取材に来てください。私がご案内します〉


S町は山あいの小さな町である。産業でも観光でも目立つものはなにもない。地元の人の自慢は、町を流れるS川で獲れる鮎の香り高い味わいなのだが、PRが苦手な土地柄なのだろう、近隣の町が「清流と鮎の里」のキャッチフレーズを掲げて観光客を呼び込むのを横目に、地味な田舎町として、ひっそりと歴史を重ねていた。

そんなS町が全国のニュースで大きく採りあげられたのは、十二年前の九月のことだった。

残念ながら、明るい話題で注目を集めたのではない。

S町は豪雨災害に襲われた。いまでいう線状降水帯が発生したのだろう、記録的な雨量によってS川が氾濫《はんらん》し、各地で土砂崩れも起きて、甚大な被害を受けてしまったのだ。

濁流に流された家屋は二棟、土砂崩れに巻き込まれた家屋も一棟、全半壊の家屋は合わせて三十棟に達し、四名の町民が犠牲になった。行方不明になっていた最後の一人は、その年の暮れにようやく遺体が発見された。

豪雨が収まるまでの三日間を避難所で過ごしたのは百世帯を超え、その後も避難所や仮設住宅での生活を余儀なくされたのは、ピーク時で二十世帯・六十人にも達した。

当時小学五年生だった太田くんも、その一人だったのだ。


〈我が家のある地区はS川沿いで、氾濫した場所がすぐ近くだったので、どうにもなりませんでした。家族は高台の公民館に避難していたので無事でしたが、自宅は二階に続く階段の途中まで水に浸かり、川からの流木の直撃を受けて、全壊してしまいました。

でも、自衛隊や消防やボランティアの皆さんには、ほんとうにお世話になりました。強がるわけではありませんが、町のみんなも、たいへんな被害だったからこそ、いままでより仲良くなれたというか、お互いに助け合う優しさが増えたような気がします（もちろん、小学生にはわからないオトナの事情は、いろいろあったはずですが……汗)。

災害から一週間たっても、瓦礫《がれき》や泥の撤去はなかなか進みません。でも、S川の水量も通常に戻り、命の危険を乗り越えたことで、近所の人たちにもまわりを見回す余裕が少し出てきました。

氷川神社の秋祭りが三日後に迫っているというのを、みんなが、ようやく思いだしたのです〉

S町では毎年九月終わりに、氷川神社の秋祭りが開かれる。観光客が集まるような大きなイベントではないが、地元の人たちにとっては年に一度の大切なお祭りなのだ。

最初のうちは「町がこんなときにお祭りなんて……」という声もないわけではなかった。だいいち、氷川神社も被害を受けている。本殿は無事だったものの、社務所と神輿庫が水に浸かっていたのだ。

幸い、神輿庫の水は、お神輿を載せた台の脚を半分濡らしたところで止まっていた。危ないところだった。

お神輿を担げれば、どうにか祭りはできる。そしてなにより、「町がこんなときだからこそ、お祭りをするのが大事だ」という声が町の人たちから湧き上がったのだ。

結局、例年よりも規模を大幅に縮小して開くことになった。

祭りの当日、土嚢《どのう》があちこちに積み上げられ、家々の屋根や壁にブルーシートが掛かった町を、お神輿が回っていった。

家財道具の片付けや泥の掻き出しをしていた町民やボランティアの人たちは、仕事の手を休めて外に出て、お神輿を拍手で迎えた。作法どおり、御神酒をふるまってくれるおばあさんもいる。紙コップにお酒を注ぐ一升瓶は、泥に浸かっていたのだろう、剝がれかかったラベルには乾いた泥がうっすらとこびりついていたのだが。


〈氷川神社の境内には、いつもの年なら屋台が並んでいるのですが、その年は一軒も出ていませんでした。人出も例年の三分の一……四分の一……いや、もっと少なかったかもしれません。お神輿の後について町を回っていた私が、夕方に境内に戻ってきたときには、五十人ほどだったように記憶しています。

でも、そんな状況でも、町の人たちはいまできる精一杯のことをして、お祭りをやり通しました。お神輿をみんなで迎えて、心尽くしのごちそうをふるまってくれました。

鉄板で焼きそばをつくり、大きな寸胴鍋で豚汁をつくりました。避難所の炊き出しと同じ料理です。でも、違うんです、絶対に。

オトナでも一人では持てないほどの大きなお盆に、おにぎりが何十個も並んで運ばれてきました。それをみんなで、四方八方から手を伸ばして取って、食べました。

私の隣にいたおじさんが、おにぎりをおいしそうに頬張りながら「同じ釜の飯を食ってる仲間は強いんだ」と笑っていました。初対面のおじさんで、その後も会ったことはないのですが、いまでもおじさんの言葉と笑顔はよく覚えています。私事になりますが、東京の大学に通った私がふるさとで就職することを決めた理由の一つは、そのおじさんの言葉だったのかもしれません〉

いつもの年なら、祭りはむしろ日が落ちてから盛り上がるものだが、さすがにその年は日没でお開きということになっていた。

最後にふるまわれたのは、デザート――。

それが、フルーツポンチだったのだ。

〈最初はびっくりしました。こういう不自由なときだから、ポテトチップスとかスナック菓子をみんなに配って終わるんだろうと思っていたのです。それが、まさかのフルーツポンチ、しかも缶詰ではなく、手作りだったのです〉

フルーツポンチを差し入れてくれたのは、S町から百キロ以上離れた県都に店を構えるフルーツショップだった。

前の週に瓦礫の片付けのボランティアでS町に来た店長が、氷川神社のお祭りの話を聞いて、「じゃあ、ぜひ、皆さんで召し上がってください」と、新鮮なくだものをたっぷり使ったフルーツポンチを持って来たのだ。

〈くだものは、ちょっとぜいたくな食べものですよね。

栄養やカロリー補給の点で考えると、絶対に必要なものとは言えません。皮をむいたり切り分けたりという手間もかかるし、食べたあとも種が残ったりして、ゴミも出てしまいます。

　被災地の炊き出しメニューに加えるには不向きかもしれません。それにやっぱり、野菜とは違います。

「いまはフルーツを食べてる場合じゃないだろ、こんなものを持って来るのは不謹慎だぞ」と言われてしまうかもしれない……。

　フルーツショップの店長さんも、それを気にして、差し入れしたくてもできずにいたらしいのです。でも、避難所への差し入れではなく、神社のお祭りに寄進するのならいいんじゃないか、というわけで、持って来てくれたのです。

　しかも、くだものをそのまま渡すのではなく、ゆうべのうちにフルーツポンチをつくって、一晩寝かせて味をなじませてから、持ってきてくれたのです。これならゴミも出ないし、ばらばらのタイミングになってもおいしく食べられるし、甘くて華やかなフルーツポンチは、体の栄養にはならなくても、心を喜ばせてくれるはずだから、と……〉

もっとも、店長は肝心なものを忘れてしまった。

数十人分のフルーツポンチを寸胴鍋でつくるところまでよかったが、それを分けるパンチボウルや、ボウルからさらに一人分を取り分けるためのレードルを持って来るのを忘れてしまったのだ。

だが、そのミスが、むしろ吉と出た。

ボウルの代わりに炊き出し用の両手鍋を使い、レードルは、氷川神社の手水舎にあったひしゃくで代用した。

太田くんたちはフルーツポンチを持ち寄ったお椀に入れてもらい、長楊枝に刺したフルーツを口に運んだ。

それが、なんとも言えず、いい感じだったのだ。

〈なにしろ、神社のひしゃくです。神聖なものを使ってフルーツポンチをみんなで分けるんです。すごいと思いませんか？

　あの日のフルーツポンチは、ほんとうに、信じられないほどおいしかった。いまになって理屈で振り返れば、水害以来ずっと気が張っていたから、フルーツポンチのシロップの甘さが染みたんだと思います。でも、あの日の、あのおいしさは、そういう理屈では説明できません。

大きな鍋に入れたフルーツポンチを、神社のひしゃくで分けて、みんなで食べる……ほんとうにおいしかったんです。一つの鍋ものをみんなで囲んで食べるときのように、おいしさを分かち合うというか、幸せを分かち合うというか……ほんとうに、最高でした！〉

そう感じたのは、太田くんだけではなかった。

翌年、翌々年、さらにその翌年……S町は水害からの復興を遂げ、氷川神社の秋祭りも元のにぎわいを取り戻した。

だが、水害の年のフルーツポンチの記憶は、町にくっきりと刻まれた。実際に食べた人は「あれはほんとうにうまかったなあ」と懐かしみ、祭りに顔を出せずに食べられなかった人は「食べてみたかったなあ」と残念がる。その懐かしむ声と、残念がる声は、年を経るにつれて高まる一方だった。

その声に背中を押されて、二年前の氷川神社の秋祭りに、地元の商店街の有志がフルーツポンチの屋台を出した。

くだものはあの年と同じフルーツショップから仕入れ、レシピも店長に教わった。だが、味以上にこだわったのは、ボウル代わりの両手鍋と、レードル代わりのひしゃく、そして家々から持ち寄ったお椀と長楊枝――。


〈水害から何年もたって、当時を知らない子どもたちもいます。数は少なくても、水害のあとにS町に引っ越してきた人たちもいます。でも、そういう人たちにも、フルーツポンチは大好評でした。

もちろん、私も食べました。まだ大学生だったので、東京からわざわざ帰省して、食べたのです。

おいしかった。懐かしかったし、うれしかったし、自分の体験を抜きにしても、とにかく味が良かったのです。

ああ、これがふるさとの味なんだな、としみじみ思いました。町役場に入ろう、ふるさとのためにがんばろう……と本気で思ったのは、そのときだったのです〉

フルーツポンチの屋台を出したのは、水害から十年という節目に合わせたものだった。つまり、あくまでも一年かぎりのイベントだったのだ。

だが、予想以上の反響に、商店街は去年の秋祭りにもフルーツポンチを出した。すると、反響はさらに大きくなり、今後もずっとやっていこうじゃないか、という話になった。

そして、今年四月、太田くんは町役場に就職した。まだ半人前で、先輩の職員について回る研修の日々だが、初めて責任を持って任されたのが、今年の氷川神社の秋祭りの広報だったのだ。

〈夏から何度も試食会を開いて、味のレベルを上げてきました。これなら、もともとの由来を知らなくても、絶対においしく召し上がっていただけるはずです。

商店街の皆さんも、秋祭りにかぎらず、S町の名物料理として育てようと張り切っています。もちろん、両手鍋とひしゃくとお椀と長楊枝はマストにする予定です。

いかがでしょうか？　興味を持っていただけたでしょうか？

パブリシティとして……という思いは、もちろん、ありります。

でも、それを抜きにしても、とにかく召し上がっていただきたいのです。私たちのふるさとの、大切な料理を、ぜひ。

フルーツポンチは鍋ものです。

みんなでさまざまなものを分かち合って、一つにまとまるための料理です。

それを、ぜひ、『旅めし』の皆さんにも味わってほしいのです。

今年の氷川神社の秋祭りは、九月二十五日——あと三日しかないのに、こんなメールを送って申し訳ありません。

ご検討、よろしくお願いいたします〉

私は読み終えたメールのウインドウを閉じた。

まったくなあ、と苦笑いが浮かぶ。まだ学生気分が抜けないのだろう。三日前に案内のメールを送ってどうするというのだ。

メールのファイルを、受信トレイから移動した——〈記事検討〉のファイルへ。

スタッフに秋祭り前後の三日間、つまりあさってからのスケジュール変更を伝えた。覚悟していたとおり、いろいろと各方面に迷惑をかけてしまいそうだが、まあ、いい。

ひしゃくで取り分けるフルーツポンチを、食べてみたい。味のほうはうまいに決まっている。

食べたあとで太田くんに教えてやろう。

私のふるさとも、S町の水害の二年後に、巨大地震と大津波で壊滅的な被害を受けたのだ。

残念ながらフルーツポンチがみんなの心をほぐした話は聞いていないが、鍋もののような料理は、きっと、私のふるさとにもあったはずだ。あるに決まってるさ、と信じているし、あってほしいよな、と願ってもいる。

もしかしたら、災害があろうとなかろうと、どんな町にも——。

そういうことを、太田くんと二人で話したいな、と思っている。

フルーツポンチ

フルーツポンチ

くだものを単品で食べるのもおいしいですが、ちょっとスパイスを加えたシロップに、数種類のくだものを漬けることで、いろんな味がミックスされます。たっぷりつくって、みんなで食べるとワイワイ楽しい！　使うスパイスは、シナモン、クローブ、カルダモン、しょうが。このスパイスミックス、ホットワインに使ったり、りんご一〇〇％のジュースに入れて沸かして飲んでもおいしいですよ（熱いままでも、冷やしても）。

材料（つくりやすい分量）

みかん —— 2個
皮ごと食べられるぶどう —— 30粒
柿 —— 1個
りんご —— 1個
なし —— 1個
キウイ —— 2個
パイナップル —— ¼個
ドライアプリコット —— 6粒
はちみつ —— 120g

A
水 —— 1800mℓ
グラニュー糖 —— 120g
シナモン（スティック） —— 1本
クローブ（ホール） —— 10粒
カルダモン（ホール） —— 10粒
しょうが（スライス） —— 8枚

つくりかた

❶シナモン、クローブ、カルダモンをすり鉢に入れて軽くたたきます。

❷Ⓐの材料を鍋に入れ、火にかけます。
沸騰したら弱火にして5分ほど煮て、火を止め、
はちみつを入れて混ぜます。
粗熱を取ってざるで濾したら、
ドライアプリコットを加えておきます。

❸くだものの下ごしらえをします。
みかんは食べやすい大きさに切ります。
ぶどうは上(軸のついている部分)を少し切ります。
柿は12等分に。種があったら外します。
りんご(皮つきのまま)、
なしは6等分のくし形に切り、
芯を取って、さらに4～5等分に切ります。
キウイは半月切りに。
パイナップルは硬い芯を取って、
食べやすい大きさに切っておきます。

❹②のシロップに③を全て入れ、
冷蔵庫で一晩漬ければできあがりです。

十月

ヘコんでしまった
イバりんぼのパパのために

お豆腐餃子
なすのヘルシーみそ炒め
きゅうりもみ

「しびん」ってご存じですか？　寝たきりでトイレに行けない人が、ベッドや布団の中でおしっこをして、それを入れる容器というか、医療器具なのか、細かいジャンル分けはよく知らないけど、とにかく、アレです。

　わたしは英語だと思っていました。フランス語やドイツ語やスペイン語や、意外と中国語かもしれないけど、どっちにしても外国の言葉だと思っていたのです。「シィービン」とか「シッビーン」とか、「スィ〜ビンッ」とか。

　でも、これ、純粋な日本語なんですね。

　漢字で書けば「尿瓶」――尿の瓶。露骨です。なんの気づかいも優しさもなく、そのまんま、です。いま気づいたんですが、わたしの話、レシピ本に載るんですよね。シモの話でゴメンナサイ。

ウチのパパは、つい三日前に「しびん」を使ってしまいました。

　生まれて初めてだったそうです。

　入院中、絶対安静を命じられているときに、おしっこに行きたくなって、ナースコールをしたのです。

　ほどなく「しびん」が届けられ、ベッドに横になったまま、点滴の針を左手の手首に刺した不自由な体勢でなんとか用を足しました。看護師さんは優しい人で、何度も何度も「すみません」を繰り返すパパに「全然OKですよ」と笑って、中身の入った「しびん」を受け取ってくれました。仕事ですもんね。

　でも、その優しさが逆に、パパにはキツかったようです。むしろそっけなく不機嫌に「あーあ、ばっちい」と言われたほうがよかった……なんて、ワガママなことを言っていました。

　とにかく、生まれて初めての「しびん」体験は、覚悟していた以上のココロの傷を与えて、看護師さんが「しびん」を持って病室を出たあと、パパは思わず泣きそうになったのでした。

「プライドがぽっきり折れちゃったわけ」

ママが教えてくれました。

「でも、入院中なんだから……」

わたしが言うと、ママは「それはそうだけどね」とうなずいてから、ちょっとまぶしそうな笑顔で続けたのです。

「パパってそういう人だから、しょうがないのよ」


パパは若々しさが自慢です。井上爽太――「爽やか」で「颯爽として」という名前に全然負けていません。シュッとした体型で、スポーツ万能。ついでに髪の毛も黒々と、たっぷり。

実際には五十の大台が間近の歳でも、知らない人には四十そこそこにしか見えないらしく、三十代だと言われたことだってあるそうです。訊かれてもいないのに「じつは娘がもう大学生なんですよ」と言って、向こうを「えぇーっ、そうなんですか？」と驚かせるのが趣味で、初対面の人がたくさんいた会合から帰ってくると、「今日は五人をビビらせたぞ、わははっ」と得意げに笑うのです。

歳を勘違いしてもビビるほどじゃないと思うし、そもそも、そんなの勝ち負けの問題でもないと思うけど、パパはそういう性格なのです。マウントを取りたがる、イバりんぼ。

「学生時代からちっとも変わってないのよ」

ママが教えてくれました。パパとママは大学の硬式テニスサークルの同期生だったのです。幹事長のパパは、とにかく負けず嫌いで、有言実行。自分が先頭に立ってハードな練習をこなす一方、部員にも厳しく接して……いまならパワハラ案件になりかねないことも何度もあって、そのたびに副幹事長のママが間に立って、双方をなだめていたそうです。

「言ってることは正しいし、実際に自分自身が一番がんばってるわけ。でも、まっすぐすぎて、ぶつかっちゃうことも多いの。もうちょっと譲るとか、一歩下がるとか、あえて負けたふりをするとか、そういう融通が利くといいんだけど……」

学生時代も、いまも、そう。

「まあ、でも、不器用で融通が利かないのが、パパのいいところでもあるんだけどね」

あらら、ノロケになった。

とにかくパパは元気ハツラツの若々しさが自慢の人で、季節の変わり目に必ず風邪をひいてしまうわたしに「明日香は風邪につけ込まれる隙があるんだ。もっと、こう、ビシッと気合を入れないと」と、かなりの真顔になって言う人——見た目は若々しいのに、中身はやっぱり昭和生まれ、しかも実際には生まれていない昭和半ばの「高度経済成長！　人生、右肩上がり！」な人なのです。

そんなパパに、今年の夏、なにかの話の流れでママが言いました。

「自分では気づいていないところで、確実に歳は取ってるのよ。いつまでも若いつもりでいると、急にガクッと来る瞬間があるかもしれないわよ。少しずつ、歳なりのペースに変えないと」

教え諭すような言い方に、パパはムッとして「わかってるよ、それくらい」と言い返しました。

でも、ママの言葉は予言になっていたのです。

わたしたちがそれを知ったのは、十月のことでした。

パパの会社では、毎年十月の第二週はスポーツ・ウィークと銘打たれています。

月曜日から金曜日まで毎日、昼休みと終業後に、卓球・フットサル・3on3の三種目で部署対抗のリーグ戦を繰り広げるのです。

パパと同世代の人たちはもうとっくに応援団に回っていますが、パパは今年も現役——しかも、去年までと同様、三種目すべてにエントリーしました。ということは、毎日毎日、休みなく試合が続くわけです。

さすがに同僚からは「井上さん、だいじょうぶですか？」「今年は休みを入れたほうがよくないですか？」と心配する声があがったそうですが、パパは「なに言ってるんだ、平気だ平気」と全種目出場にこだわって譲りません。

でも、結果は、全種目、惨敗——。

しかも、あとでママとわたしも動画を確認したのですが、どの種目のどの試合でも、パパは活躍するどころか、チームの「穴」になっていました。動きが悪すぎる。若手のメンバーにとっては、明らかに足手まといでした。

動画を映したテレビの画面の中で、パパは何度も首をかしげて、おかしいなあ、という表情を浮かべていました。自分のイメージどおりに体が動いていないのです。去年は軽々とできていたことが、今年はうまくいかないのです。戸惑ったり、いらだったり、悔しがったり、途方に暮れてしまったり……。

ふと横を見ると、ママは目に涙を浮かべて、画面をじっと見つめていました。画面の中のパパ以上に、ママの横顔は悔しそうでした。

動画のラストシーンは、3on3の場面でした。ディフェンスに回ったパパは、ファウルすれすれの強引な動きでボールを奪おうとして、かわされて、体のバランスを崩してしまいました。右の足首がクネッとヘンな角度で曲がって、上体をひねりながら倒れ込んで……スマホで撮影していた同僚もびっくりしたのでしょう、画面が大きく揺れて、暗転――。


パパの右の足首にはヒビが入っていました。床に手をついたときに手首も捻挫して、肘の腱もかなり傷めてしまったようです。

さらに診察前に脈や血圧を測ったら、思わぬ事態になりました。

パパの心臓は心房細動を起こしていたのです。

心房細動とは、名前どおり心臓が細かく震えて血液を全身にうまく送れなくなる疾患です。心房細動が起きると、血栓ができやすくなって、命にかかわる脳梗塞を引き起こすことも多いのです。

自覚症状のないケースもありますが、パパの場合は、しょっちゅう胸の圧迫感を覚えていました。身震いするときもあったそうです。でも、本人は「てっきり気合が入って胸が高鳴って、武者震いが始まったと思ってたんだ」……お医者さんもあきれていました。

心房細動は慢性化しているので、早めに治さないと脳梗塞のリスクがどんどん高まってしまいます。パパもさすがに放っておけず、会社やママと相談して、すぐに入院することになったのです。

治療法は、カテーテルアブレーション――太股の付け根からカテーテルを挿入して、細動を起こしている部位を焼き切ってしまうのです。ママやわたしの前では「心臓を焼くって、やきとりのハツみたいだな」と冗談を言っていても、いままで風邪一つひいたことのないパパにとっては、入院と手術(正確にはカテーテルアブレーションは「治療」と呼ぶらしいけど、シロウトの実感としては心臓にカテーテルを入れるなんて、立派な「手術」ですよねー)という展開はショックなはずです。しかも、お医者さんは追い討ちをかけるかのように「心房細動は加齢で起きることが多いんですよ」……。

入院生活は四泊五日でした。

最初の予定は三泊だったのですが、カテーテルを入れた太股の付け根からの出血がなかなか止まらないので、退院が一日遅れてしまいました。悪いのはパパです。自業自得です。せっかちなパパは「カテーテルを抜いたあとは脚を動かさないようにして、しばらく絶対安静ですよ」という看護師さんの言いつけを破ってベッドから起き上がろうとして、せっかく血が止まりかけていたのに、新しい出血がドバーッ……。

最初にお話しした「しびん」事件も、その夜の出来事でした。よけいなことをしなければ、「しびん」を使わなくても、自力でトイレに行けたのに。「よけいなこと」をたどっていけば、スポーツ・ウィークに出場したのも思いっきりよけいなことだし、その根っこをたどっていくと、「オレは若いんだ」という自信……過信……思い込み……願望……にもつながってしまいそうです。

まあ、でも、毎日病院にお見舞いに出かけたママによると、「しびん」事件をはじめとする、なにかと看護師さんたちに世話をかけどおしの入院生活で、パパは少し変わったそうです。

まるくなったというか、やわらかくなったというか、転んでケガをしたことを「情けないよなあ」と悔しがりながらも、ママが「そのおかげで心房細動がわかったんだから、よかったじゃない」と言うと、意外と素直に「うん……そうだよな」とうなずくのです。

病室でママと学生時代の思い出をとりとめなく話しているときも、負けた試合のことがたくさん出てきたそうです。合宿での失敗、いまでも反省していること、そしていきなり話題は将来のことに飛んで「オレが死んだら、すぐに再婚して、幸せになってくれ」——若々しいナイスミドルという立ち位置を見失って、ちょっと迷子になりかけているのかもしれません。

でも、そんなパパが、わたしはいままでよりも好きです。

風邪がすっきりと治らずに鼻づまりで困ってるときのわたしの気持ち、これからはパパもわかってくれそうな気がするし。

パパはさっき退院して、ウチに帰ってきました。

帰宅すると早々にベッドに入って、お昼寝中です。

やっぱり慣れない入院生活で、なにかと気疲れもあったのでしょう。

起きたら、ごはんです。

ママと二人でつくっています。

幸い、胃腸や肝臓や腎臓の病気ではないので、退院後の食事制限もありません。献立を決めるとき、てっきりガッツリ系で元気をチャージするのかな、と思っていたわたしに、ママはいたずらっぽく笑って、献立のコンセプトを教えてくれました。

「元気も出してほしいけど、そろそろもう若くないんだっていう自覚もしてもらわないとね」

と、言いながらも――。

「もう若くないんだけど、老け込んじゃったら、パパらしくないからね」

そういう料理だそうです。

なんか、最後の最後で、またノロケになってしまった気もしないではないのですが……。

お豆腐餃子

お豆腐餃子

病み上がりで自信をなくしているパパに、「おお、なんだよ、むしゃむしゃ食べられるぞ！　前と同じじゃないか」と元気を出してもらいたい。でもじつは、パパの食べているものは、とてもヘルシー。ママがそんな工夫をして、豆腐入りのあんの餃子をつくりました。豚のひき肉を減らしたぶんをお豆腐に。長ねぎ、にら、しいたけと、高菜の漬物で、塩分そして味のふかみを出します。この餃子は、モリモリ食べられて、満足感もたっぷりなのに「じつは減塩、カロリー低め」のレシピなんです。そのまま、なにもつけずに、おつまみとして。ちょっとだけおしょうゆと辣油をつければ、ご飯のおかずに。パパだけじゃなく、家族みんなで楽しめる餃子です。ちなみに、辛子高菜漬けと生の白菜の代わりに、醗酵の白菜漬けを使ってもいいですよ。

材料（30～40個分）

■あん

豚ひき肉――200g
塩――小さじ½
こしょう――少々
しょうが（みじん切り）――大さじ1
にんにく（すりおろし）――小さじ¼
酒――大さじ1
ごま油――大さじ1～1と½
白菜――200g
木綿豆腐――100g
長ねぎ――½本
辛子高菜漬け――100g
にら――⅓束
しいたけ（生）――2枚

餃子の皮――30～40枚
油――適量
ごま油――適量
しょうゆ、酢、辣油――お好みで

つくりかた

❶木綿豆腐を水切りします。

❷白菜はみじん切りにしてボウルに入れ、塩少々(分量外)を混ぜ、10分ほどおきます。

❸長ねぎ、辛子高菜漬け、にらを刻み、しいたけは石づきを取り、粗みじんに切っておきます。

❹さらしや布巾などで②を包み、水でもみ洗いし、固く絞って水気を切ります。

❺ボウルに豚ひき肉、塩、こしょう、しょうが、にんにく、酒を加えて混ぜ、ごま油、①の水切りした豆腐をちぎりながら加え、さらに混ぜます。

❻長ねぎ、辛子高菜漬け、にら、しいたけを加え、最後に白菜を入れてさっくり混ぜます。これで「あん」のできあがりです。

❼餃子の皮のふちにぐるりと水をつけてスプーンなどで⑥を適量のせ、2つに折り、ひだをつけ、できるだけ空気を抜くようにしっかり止めましょう。

❽フライパンに薄く油をひき、餃子を並べ、火にかけます。水またはぬるま湯を餃子の⅓の高さまで注ぎ、蓋をして、中火で4～5分蒸し焼きにします。

❾ほとんど水分が飛んだら、ごま油を回しかけ、再び蓋をして弱めの中火できれいな焼き色がつくまで焼きましょう。

❿焼き目を上にして、お皿に盛ります。タレはしょうゆ、酢、辣油をお好みでどうぞ。

なすのヘルシーみそ炒め

なすを切って塩を軽くふると、すぐに水分が出てきます。その水分が出てから焼くので、なすが余分な油を吸収するのを抑えます。これも「がっつり系に見えるけど、ヘルシー」な料理をつくりたいママの知恵。若い時は、「油をたっぷり吸ったなすっておいしいね」なんて言っていましたけれど、退院したばかりのパパには、ちょっと重そうですよね。みそで炒めたので、味ははっきりとしています。

材料（2〜3人分）

なす——3本
みそ——大さじ1
酒——大さじ2
水——大さじ1
塩——小さじ⅓
すりごま——大さじ1
ごま油——大さじ½
酢——お好みで

つくりかた

❶なすはヘタを取り、タテ半分に切ってから、厚さ1.5㎝の斜め切りにし、塩をまぶします。水分が出てきたらキッチンペーパーなどで挟んで軽く拭いておきます。
❷ボウルなどでみそ、酒、水を混ぜておきます。
❸加熱したフライパンにごま油をひき、なすを炒め、いい焼き色になったら②を加えます。
❹全体になじんだら、火を止め、すりごまを加えてできあがり。
仕上げにお酢をプラスしてもおいしいですよ。

きゅうりもみ

おかかがけは、たいていしょうゆやだしを使って、シンプルにまとめることが多いのですが、ここでは「からしじょうゆ」を使っているのがポイントです。味の変化をつけて、パパを満足させたいママの工夫。ノンアルコールビールにも、ぴったりかも？　からしじょうゆのかわりに、からしポン酢もいいですよ。

材料（つくりやすい分量）

きゅうり——2本
しょうゆ——小さじ1
からし——少々
おかか——適量

つくりかた

❶きゅうりを薄く輪切りにし、塩（分量外）でもんでおきます。
❷10分ほどおいた①を水で洗い、絞って水気を切ります。
❸器に盛り、からしを溶いたしょうゆをかけ、おかかをかけてできあがりです。

十一月

僕たちの初めての鍋もの

鶏じゃが鍋

白菜とりんごと茹で卵のサラダ

街を歩いて「ああ、もう冬だなあ」とつぶやく日が、三日続かなくてはいけない。

一日や二日では足りない。十一月下旬は、まだ冬になりきっていない。冬将軍が街に斥候《せっこう》を送り込んでいる時季である。木枯らしが吹きわたったかと思えば、小春日和が訪れる。春の訪れが三寒四温のサイクルを繰り返すように、晩秋から初冬への季節の移り変わりも一足飛びに進むわけではない。

それでも、寒い日が三日続けば、街ぜんたいが冷え込む。北風が頬を刺し、足元から地面の冷気が伝わって、街を歩くときの背中が自然と丸まってくれれば、いよいよ……である。

真冬のキンと晴れわたった空よりも、どんよりと重たげな鉛色の雲が出ていたほうがいい。風花でも舞っていれば、なおよし。

寒い日が二日続くと、宏史はそわそわしはじめる。その「そわそわ」が妻の久美子にも伝わり、さらに息子の洋平と娘の瞳にも伝わって……すなわち、矢野家がまるごと落ち着かなくなってしまうのである。

あと一日。明日の朝も寒ければ、晩ごはんは決まりだ。

鍋ものである。

夜のうちに、土鍋セットの箱とカセットガスコンロの箱を、定位置の食器棚の上から降ろしておく。鍋やとんすいをざっと水洗いして、コンロの試運転もして、そうそう、ガスカセットの残量が充分かどうか、途中で切れても買い置きがあるかどうかもチェックしなくてはいけない。

土鍋セットの箱には、鍋やとんすいをしまった日付のメモが添えてある。すなわち、前回の鍋シーズン最終日。たとえば、ある年のメモの日付は三月二十五日――その年の東京はお彼岸の中日を過ぎてからドカ雪に見舞われた。矢野家でも、すでに一週間前にしまっておいた土鍋セットに再登場願って、常夜鍋をつくったのだ。

ちなみに、一週間前に「今年はこれが最後だろうな」という気持ちでつくった鍋ものは湯豆腐で、その前は、たしかカキの土手鍋……いや、カニすきだったか……。

鍋ものには、さまざまな種類がある。同じ鶏肉を使っても、水炊きにしてもいいし、ちゃんこ鍋にしてもいいし、チーズを利かせたタッカルビという変化球もオツなものだろう。

締めも、お好み次第でなんでもあり。もちにうどんにちゃんぽん麺、定番中の定番のぞうすいだって、汁気をたっぷり残したさらさら系でいくか、逆にねっとり系のほうがいいか、いやいやリゾットだって……と、思いは千々に乱れるのである。

そんな選択肢の多さが鍋ものの魅力ではあるのだが、じつは矢野家にはルールがある。

シーズン最初の鍋ものは、必ずこれでなくてはいけない。

宏史と久美子が決めた。

洋平と瞳には、その理由や由来についてはずっとナイショだった。子どもたちがそれこそコドモの頃は、いくら訊かれても「まだ早いね」と教えなかった。もっと大きくなってからも——「あんたたちがウチを出て結婚するときに、しっかり教えてあげるから」と久美子は二人の質問をかわし、照れ笑いを浮かべる宏史を振り向いて、いたずらっぽく目配せをするのだった。

宏史と久美子は、一九八八年の四月に結婚をした。二人とも大学を出たばかりだった。若すぎる結婚に、双方の両親には「ままごと気分じゃないか」「新入社員なんて、まだ半人前なんだから」と猛反対されたが、それを押し切って入籍し、１ＤＫのアパートで暮らしはじめた。

若さゆえのまっすぐな勢いがあったのだろう。時代にも、それを応援する熱さや明るさがあった。

一九八八年。「昭和」の、実質的には最後の年。バブル景気は、あちこちでほころびを見せながらも、まだ充分に輝いていた。週刊で発行される就職情報誌は毎号何百ページもあって、片手でめくることができないほど分厚かった。前年に生まれた「フリーター」という言葉は瞬く間に社会に定着し、テレビの歌番組ではローラースケートを履いた少年たちがスタジオを駆け巡っていた。

そんな時代に、我が家の歴史は始まったのだ。

結婚生活が始まったのは初夏だったので、夏から秋、秋から冬にかけての家財道具は、少しずつ買いそろえることになる。
二、三人用の小さな土鍋をスーパーマーケットのワゴンセールで買ったのは、十月半ばだった。鍋ものの時季には早すぎる。前のシーズンの売れ残り商品をさばくためのセールである。その中でも、特にお買い得――ワゴンに積み上げられた箱に〈処分！〉という短冊が貼られた土鍋を買った。
ほどなく、宏史はカセットガスコンロも買った。会社帰りにホームセンターの店先でふと見かけて、ほとんど衝動的に買ってしまった。「まだ鍋ものをするほど寒くないでしょ」と久美子にはあきれられたが、気がはやっていたのだ。

鍋ものを早く食べたい。いや、正確には「食べたい」以上に、「鍋を二人で囲みたい」だろうか。

久美子と結婚しようと決めたとき、最初に浮かんだ「幸せ」のイメージは、二人で鍋を囲んでいる光景だった。鍋からうっすらとたちのぼる湯気の向こうに、久美子の笑顔がある。それこそが自分にとっての「幸せ」なんだ、と思っていた。実際に暮らしはじめてからも――たとえ蒸し暑い梅雨のさなかでも、うだるような真夏の熱帯夜でも、その「幸せ」の光景は消えなかった。

ありきたりでわかりやすい発想ではある。凡庸だし、浅薄だし、「昭和」の古くささも漂っている。

久美子には「やだぁ」と笑われた。「オジサンみたいなこと言わないでよ」――笑ったあとで、「あれ？でも、そういうのって、コドモっぽい想像力かもしれないね」と首をかしげる。

オジサンなのか、コドモなのか。いずれにしても、同い年でも久美子のほうが少しオトナだというのは、確かだった。

秋が深まってきた頃、リサイクルショップで灯油ストーブを買い、家電量販店でコタツを買った。量販店からの帰り道、駅前の電光掲示板に昭和天皇の病状を伝えるニュースが出ていたのを、宏史はいまでもよく覚えている。

「昭和」が終わろうとしていた。

宏史と久美子は、初めての冬を迎えた。

十一月の終わり、日本列島はシベリアからの寒気にすっぽりと包まれ、急に冷え込んだ。水曜日にこの秋の最低気温が更新され、翌日の木曜日にはあっさりと塗り替えられた。

木曜日の夜のニュースによると、金曜日の朝は、さらに冷え込んで、山間部では霜が心配されるという。昼間も雲が出るので気温が上がらず、夕方からは東京でも小雪が舞うかもしれない。

待ちに待った、絶好の鍋もの日和だった。

ところが——。

肝心の二人が口をきかず、目も合わせない。

水曜日の夜、物の片付けやゴミの始末をめぐるささいなことで、ケンカをしてしまったのだ。

一つ屋根の下で暮らしはじめて半年、社会人になってからも半年——公私ともども新しい生活に慣れる一方で、それまでの疲れやストレスが出てくる時期でもある。

宏史と久美子も、十一月に入ると口ゲンカをすることが増えてきた。お互いの生活スタイルや価値観の微妙なずれを、いままでは「へえ、そうなんだ」「こういうのって一緒に生活しないとわからないよね」と、むしろ新鮮に感じて面白がっていたのだが、それがしだいに相手への不満に変わってしまう。公私の「公」のほうでも、二人とも研修期間が終わって、一気に仕事が厳しくなった。帰宅するときにはいつも疲れ切っていて、二人で分担している家事も「悪い、今日はパス」「今度まとめてやるから」と、おろそかになってしまい、それがまた新たなケンカのタネになってしまうのだ。

仕事と家庭を同時に「よーい、ドン！」で始めたのは、やはり無謀だったのか。

結婚に反対していた両親の言葉が、いまになって、じわじわと染みてくる。半人前の、ままごと。確かにそうかもしれない。鍋ものを楽しみにして、鍋を囲む光景に「幸せ」を感じるなど、まさに、ままごとそのものではないか……。

初めての鍋もののメニューは、二人で話し合って決めることにしていた。だが、今回のケンカはふだんよりも長引いている。仲直りのタイミングを逃したせいで、お互いに意地の張り合いになってしまった。

木曜日の深夜、久美子は無言で土鍋を箱から出した。宏史もそれを横目で見ていたが、なにも言わない。

久美子はおろしたての土鍋でおかゆを炊いて、「目止め」をした。土鍋の表面をお米のでんぷん質でコーティングすることで、ひび割れや水漏れ、におい移りを防ぐのだ。

宏史は「目止め」を知らなかったので、なにをしてるんだろう、と気になっていたが、声はかけない。無関心な顔をして、テレビを観ていた。番組が終わったあとのＮＨＫの画面には、この秋からすっかりおなじみになってしまった真夜中の皇居の様子が映し出される。「昭和」は、ほんとうに、もうじき終わってしまうのだ。

「明日は、わたしは七時には帰れるから、晩ごはんつくる」

「うん……悪い、オレは九時を回ると思う」

「あ、そう、はい」

「じゃ、よろしく」

目を合わさず、感情のこもらないひらべったい声で話すだけで、結局、鍋もののメニューを決めることはなかった。

夜は「おやすみなさい」の挨拶もなく、二組の布団を微妙に離して敷いた。ケンカのときはいつもこうだ。それでも、布団を台所と和室に分けて敷くことはしない――そういうところが、やっぱり、ままごとなんだよなあ、と三十年後には笑い話になるのだ。

金曜日は、天気予報どおりの厳しい冷え込みだった。気温は十二月下旬並みに下がり、夕方からは小雪もちらちらと舞った。

宏史は会社帰りに駅前のリカーショップに寄った。ワインコーナーには、先週の木曜日に解禁されたばかりのボジョレー・ヌーヴォーが並んでいた。時差の関係で、先進国の中では日本が最も早く解禁日を迎えるボジョレー・ヌーヴォーは、バブル景気とともに人気が爆発的に高まって、この年の輸入量は昨年の七割増しの十五万三千箱にのぼっていたのだった。

価格は決して安くはないし、ワイン好きからは「若すぎて味に深みがない」「話題性だけだ」と評判は悪く、そもそも宏史はワインには知識もこだわりもなかった。

久美子のために買ったのだ。

久美子もワインにはシロウトだが、ボジョレー・ヌーヴォーなら、名前ぐらいは知っているはずだ。ちょっとだけ贅沢をして、「ほら、あの……」というワインを買って帰ることで――仲直りのきっかけにしたかった。

ただし、大げさにはしたくない。「帰りにたまたま見かけたから買ってみたんだけど、まあべつにどうでもいいから」というクールなノリでいきたかったが、レジで店員さんにラッピングを尋ねられたら、つい「お願いします」と言ってしまった。

支払いをしていたら、新しい客が入って来た。

「すみませーん、ボジョレー・ヌーヴォーって、どこに……ああ、あったあった、はい、わかりました」

若い女性の声——聞き覚えのある、というか、ありすぎる、というか……。

振り向くと、彼女と目が合った。

口をぽかんと開けて驚いた久美子の顔を、宏史はその後も——いまに至るまで、ときどき思いだしては、微笑みながらうなずく。若い頃に好きだった歌を諳《そらん》じて、だいじょうぶ、まだ歌詞もメロディーもしっかり覚えてるぞ、と確認するように。

一方、久美子は、同じ場面の思い出をもっと現実的に愉しんでいる。その後も——いまに至るまで、二人はたまに口ゲンカをしてしまう。なんとなく仲直りしたあとの、仕上げというか、ノーサイドのサインが、これ。リカーショップで目を丸く見開いてこっちを指差したまま固まってしまった宏史の様子を、モノマネして、からかうのだ。

「こーんなのだったよね、こう、ほら、こんな感じ……」


とにかく二人は、小雪の舞う寒い夜、アパートまで一緒に帰ったのだ。もう、いつもどおりだった。「ごめんなさい」の一言がなくても、仲直りはできる。

久美子は鍋ものの下ごしらえを終えて、せっかくだからおいしいお酒もあったほうがいいな、とリカーショップに出かけたのだという。

「ボジョレー・ヌーヴォーだったら、まあ、おしゃべりのきっかけにもなると思うし……」

宏史と同じ発想だった。「それに、ヌーヴォーって『新酒』っていう意味だから、新婚で新入社員のわたしたちにはぴったりかも、って」——宏史はそこまでは考えていなかった。やはり、同い年でも久美子のほうがオトナなのだろう。

アパートまでは、あと少し。

「鍋もの、なにをつくったの?」と宏史が訊いても、久美子は「ナイショ」と笑って、教えてくれない。

「どうせ、すぐにわかるんだから、それまではお楽しみでいいじゃない」

「まあ、そうだけど……ポン酢系か醬油系か味噌系か、だけでも教えてくれよ」

「あ、ちょっと違うかも」

「マジ?」

「だ、か、らっ、お、た、の、し、みっ」

フフッと笑うと、寒さで白くなった息がたちのぼった。

鍋の湯気とは違っていても、白い息の向こうにいる久美子の笑顔は、宏史がずっと夢見ていた「幸せ」の光景そのものだった。


その夜、久美子がつくった鍋ものは、我が家の大切な冬のごちそうになった。

毎年必ず、シーズン最初の鍋ものは、これ——。

食材や味つけの細かいバージョンアップはあっても、「昭和」最後の十一月につくった鍋ものは、「平成」になっても家族に食べ継がれてきたのだ。

そして、「平成」最後の年の春、宏史と久美子は、結婚を間近に控えた洋平にレシピを渡し、由来を話した。

「結婚したら、仲直りのメニューをちゃんと持っておいたほうがいいぞ」

宏史が言うと、久美子は「あのときは、たまたまお母さんがつくったんだけど、いまの時代なんだから、あんたがつくればいいの」と言い添えた。

さらに、時代は「令和」になった。

この夏、瞳も結婚をした。洋平のときと同じように、宏史と久美子はレシピを渡し、由来を話した。


だから今年の十一月は——。

寒い日が二日つづくと、洋平や瞳からＬＩＮＥで「明日も寒かったら、やるよね?」と連絡が入る。

三日目で気温が上がってしまう空振りが二回続いてしまったが、最後の週末、ようやく寒い日が三日連続になった。

「昭和」の両親が、一人用の小さな土鍋から分け合って食べる。

「平成」の息子夫婦が、赤ちゃんのお世話をしながら食べる。

「令和」の娘夫婦は、食べはじめる前にインスタの写真を撮るのも忘れない。


「でもね……」

髪の毛がだいぶ白くなってきた久美子が言う。

「やっぱり、ウチのが一番おいしいんじゃない？」

「それはそうだよ、元祖なんだもんな」

額がすっかり広くなった宏史がグッと胸を張る。

湯気の向こうで久美子が笑う光景は、三十数年の歳月が流れても――いや、流れたからこそ、やはり、「幸せ」そのものだった。

鶏じゃが鍋

鶏じゃが鍋

まだお金があまりなかった頃、食材を工夫して、若い二人がつくった鍋もの。そして子どもが巣立つ年齢になってもずっと家庭の味でありつづけた「我が家の定番」、昭和、平成、そして令和の家族の歴史を支えた鍋ものをと考えました。二人がおなかいっぱいになるようにと具材のひとつに選んだのは、じゃがいも。韓国の「タッカンマリ」という鍋をヒントにしています。韓国では、鶏を丸ごと煮て、お客さんが食べるときに切り、そこにじゃがいもを入れて煮るのです。ここでは最初から鶏のぶつ切りを使って煮込みました。鍋のシメは、若い頃はインスタントラーメンや玉うどん。年をとったいまは「ちょっといいそうめん」を使います。もちろん、お好きな麺を使うもよし、ぞうすいにするもよし、です。鍋の味つけはきわめてシンプル。それだけに、飽きずに食べられ、味変も楽しめます。こしょうをかけたり、キムチを加えてもよさそうです。

材料（4人分）

- 鶏のぶつ切り肉（骨つき）——1kg
- じゃがいも——5～6個
- 水——2000mℓ
- 酒——100mℓ
- 昆布——10g
- 塩——小さじ3～4
- ほうれん草——1束
- えのき——1パック
- もやし——1パック
- 長ねぎ——1本
- 豆板醤——適量
- 酢——大さじ3
- しょうゆ——大さじ3
- そうめん——お好みで

つくりかた

❶じゃがいもを大きめの一口大に切ります。ほうれん草は洗って根の部分に十字に切り込みを入れ、½の長さに切ります。えのきは石づきを取り、小房に分け、長ねぎを斜めの薄切りにします。

❷鍋に、鶏のぶつ切り肉、水、酒、昆布、
じゃがいもを入れて火にかけます。
沸騰したら昆布を取り出し、アクを取り、
ごく弱火で30分煮てから、
塩を加えて味をととのえます。

❸その間に、そうめんを茹で、水にさらし、
水気を切っておきます。

❹鍋を卓上のコンロに移して加熱、
ほうれん草、えのき、もやしを加え、
さっと火が通れば食べ頃です。
鶏のぶつ切り肉は、そのままでもいいですし、
豆板醤や酢じょうゆをつけても。

❺シメに③のそうめんを入れます。
沸騰したら、長ねぎを加えてどうぞ。

白菜とりんごと茹で卵のサラダ

あらかじめつくって冷蔵庫で冷やしておくのがポイントの副菜です。熱々の鍋で汗ばんだからだに、ひんやりした酢の物がうれしいです。茹で卵の半分は先に甘酢で和えて、味をつけていない卵をあとからトッピングします。つまり2つの味の卵が、ひとつのサラダに混ざっています。ちなみにここでは「油」や「マヨネーズ」を使っていません。ひょっとして若い頃はマヨネーズをたっぷり使っていたかもしれませんが、歳を重ねてヘルシー志向になった、という設定です。アーモンドで食感にアクセントをつけました。

材料（4人分）

白菜――300g
りんご――½個
茹で卵――2個
アーモンド（素煎り）――10粒

■甘酢

酢――大さじ4と½
砂糖――大さじ1と½
塩――小さじ1

つくりかた

❶白菜は葉を1枚ずつはがし、葉と芯に分け、葉は1cm幅、芯は薄切りにします。
りんごは皮つきのままくし切りにしてから薄切りに。
茹で卵はざっくりと刻んでおきます。

❷甘酢の材料を合わせておきます。

❸ボウルに白菜、りんご、
甘酢の半分を入れて和えます。

5分ほどおいたら、出てきた水分を軽く切ります。

❹③に、茹で卵の半分と、
残りの甘酢を加えて和え、器に盛ります。

❺残りの茹で卵と
刻んだアーモンドを散らしてできあがりです。

十二月

のんちゃんサンタは、バスに乗って

めんたいカルボナーラ
梅にんじん和え（ラペ）

優華は、年に何度か「のんちゃん」になる。

自分の名前とはなんの関係もないニックネームだ。ものごころつくかどうかの幼い頃に、父方の祖父母が名付けた。

おばあちゃんいわく「あんたは、赤ん坊の頃からのんびりして、のんきな子じゃったけえ、のんちゃんになったんよ」。

もっとも、その呼び方は祖父母以外に広まることはなかった。両親には「ゆうちゃん」と呼ばれた。学校では「ゆう」の付く名前の子が他に何人もいたので、苗字の「光永」から「みっつん」と呼ばれることが多かった。

それでも、祖父母は変わらず優華を「のんちゃん」と呼びつづけた。のんびりして、のんきな性格は、むしろ二人のほうなのだ。

そんなわけで、優華は夏休みや冬休みに祖父母の家に遊びに行くと「のんちゃん」になる。それが変身というか、別の人格になったみたいで面白かった。ネットの世界でハンドルネームを使うようなものかもしれない。

祖父母のもとには、両親も帰省する。だが、優華は両親より一足先に帰省して、仕事のある両親がひきあげたあとも、学校が始まるぎりぎりまで居残ることが多かった。同じ県内で、朝早く出れば日帰りも可能な距離なので、東京や大阪からの帰省とは違って、なにかと融通が利くのだ。

中学生からは春休みにも一人で遊びに行くようになったし、高校生になると連休や土日にもしょっちゅう訪ねた。一泊しかできなくても、かまわない。ときには連絡なしで、暗くなってから玄関の引き戸を開けることもあった。

逃げ場所になっていたのかもしれない――。

高速バスの車中で、優華は思う。カーテンをめくって窓の外を見ると、空はだいぶ白んできた。

祖父母の家に着くのは、お昼前あたりだろうか。

優華は、大学一年生になっていた。

のんきな祖父母は、どうやら、孫の性格を見誤っていたらしい。「のんちゃん」の由来とは裏腹に、優華はのんびり屋どころか、むしろせっかちなほど積極的で、生真面目にがんばるタイプだった。当然、のんきでもない。ものごとをすぐに先回りして考えるぶん、心配事も増えてしまう。

だから、疲れるのだ。

学校が嫌になったり、友だちとの間でトラブルが起きたり……というわけではなくても、小学校の高学年の頃から、なにかと気疲れを感じることが多かった。難しい年頃——中学生や高校生になってからは、なおさら。

そんな疲れが溜まって、しんどくなったら、祖父母の家に遊びに行く。

ほかには誰も使わない「のんちゃん」という名前で呼んでもらって、おじいちゃんがつくった野菜をたっぷり使ったおばあちゃんのごはんを食べると、元気を取り戻すことができるのだ。

優華が両親と暮らしているのは、政令指定都市でもある県都だった。昔から交通の要衝として栄え、商工業が盛んなので、街ぜんたいがにぎやかで、活気がある。

優華の父親は中学校の数学教師で、母親は小学校の教師だった。二人とも優華の教育に熱心で、社会問題にも関心がある。晩ごはんのときの話題は、ＮＨＫのニュース解説番組のようなものばかりだし、それが途切れると、話の矛先が優華に向いてしまう。

「ゆうちゃん、学校はどんな？　みんなと仲良うしとるん？　いじめは、黙って見とるだけでもいじめになるんじゃけえ、勇気を持って止めんといけんよ」「数学でわからんことがあったら、なんでもお父さんに質問せえよ。そのままにしとったら、どんどんわからんようになってしまうけえのう」……。

教師の両親を持つと、子どもとしてはナイショにできるものがない。すべてを見透かされているような気がする。

高校は、県内で一番のレベルの高さを誇る名門校に進んだ。成績は「上位の下のほう」と「中位の上のほう」を行ったり来たりだった。なんともハンパな「できるグループ」に入っていると、気の休まるときがない。試験前には必ず無理をしすぎて体調を崩してしまうし、試験が終わると今度は緊張が解けて寝込んでしまう。

友だちには「みっつんは、真面目すぎるんよ」と同情するように言われる。「もうちょっと肩の力を抜いてみればええのに」――それができれば苦労はないのだ。

ゆうちゃんは、疲れる。

みっつんも、疲れる。

だから、たまには、のんちゃんになりたい。

祖父母の町は、とにかく静かだ。山と川と田んぼと畑に囲まれて、ほかにはなにもない。人口は昭和の終わり頃から減る一方で、平成の半ばを過ぎると耕作放棄された田畑や空き家も目立ってきた。この町に生まれ育った父親は、帰省するたびに「ほんまに活気がのうなったのう……」と寂しそうに言うが、優華には、活気のないところが、むしろほっとする。

耳の遠いおじいちゃんは、晩ごはんのときもボリュームを大きくしたテレビを点けっぱなしだし、おばあちゃんの口癖は「田舎者じゃけえ、難しいことは、ようわからんわ」――田舎ならではのややこしい人間関係も、よけいな口出しをしないことで、長年やりすごしてきたのだ。

そんな二人とごはんを食べていると、ぬるめのお風呂に入っているときのように、全身から疲れがゆるゆると抜けていく。

おじいちゃんのつくる野菜は、形は不ぞろいでも土のにおいや青臭さがしっかり残っていて、ウチで食べるスーパーマーケットの野菜とは全然違う。その野菜をたっぷり使ったおばあちゃんの手料理も、母親の料理とは食材の使い方や味つけが微妙に違う。そんな違いが、気持ちよくて、うれしい。

だが、なによりうれしいのは、二人とも放っておいてくれることだった。

連絡も入れずにいきなり顔を出しても、二人はただびっくりするだけで、「のんちゃん、なんで急に来たん？」「なんかあったんか？」と理由は訊かない。ただ黙って、ごはんの支度を一人分増やしてくれるだけなのだ。

だから、今日も――。

「しかたなかろうが、わしゃあ耳が遠いんじゃけえ」と、おじいちゃんは言うだろうか。

おばあちゃんはいつもの口癖どおり「どうせ訊いても、田舎者じゃけえ、難しいことはようわからんわ」と笑うだろうか。

優華は窓の外を流れる景色をぼんやり見つめ、祖父母の顔をそこにうっすらと重ねて、クスッと笑う。

東京から夜通し走ってきた高速バスが、もうすぐ終点に着く。

そこから午前中に三便しかない路線バスに乗り換えて、祖父母の町へ向かう。

あえて、連絡は入れなかった。

クリスマスプレゼントは、サプライズにかぎるのだから。


優華は四月から東京の大学に通い、一人暮らしを始めた。

春学期は無我夢中で過ぎていった。やることなすこと、初めての経験ばかりだった。戸惑うことはたくさんあったし、こんなはずじゃなかったのに、と途方に暮れてしまうときも多かった。大学のクラスやサークルやバイト先での自己紹介では「『みっつん』と呼んでください」と言ったはずなのに、ずっと「光永さん」だった。それがつまり、東京にまだうまくなじめていないという証しでもあるのだろう。


夏休みには地元の自動車教習所に通いながら、何度か祖父母の家に泊まりに行った。

ひさしぶりに「のんちゃん」と呼ばれて、おじいちゃんのつくる野菜を、おばあちゃんの手料理でたっぷり食べて、ぼーっとしているだけの心地よい退屈な時間を過ごした。

祖父母は二人とも、優華の東京暮らしについて、自分から話すこと以外を尋ねようとはしなかった。優華の話に対しても、耳がいっそう遠くなったおじいちゃんは「はあ？　はあ？」と何度も聞き返し、おばあちゃんは「田舎者じゃけえ、都会のことはようわからん」と、にこにこ笑うだけだった。

かまわない。話の最後には、いつも二人は言う。

「おばあちゃんは難しいことはようわからんけど、のんちゃんが元気なら、それが一番」「おう、おう、ばあさんがなにを言うとるんか聞こえんが、のんちゃん、あんたが笑うとるけえ、それでええわ」

おかげで、寂しさのあまり下宿で泣いたことは話さずにすんだ。消費期限を甘く見ていたせいで、傷んだものを食べておなかをこわしてしまったことも、ナイショのままでＯＫだった。

路上でしつこくナンパされて怖い思いをしたことも、バイト先のコンビニで知り合った先輩から怪しげなビジネスに誘われて、結局バイトをすぐに辞めてしまったことも、サークルの新歓カラオケ大会で最低点を出してしまったことも、第二外国語で選択したスペイン語から早くも脱落したことも、そして、地元の国立大学に進んだ高校時代の彼氏から「ごめん」の連発で別れを告げられたことも……。

話さずにすむのなら、思いださずにすむ。思いださずにすんだことは、いずれは忘れてしまえるのだろう──でも、それはそれでもったいないかな、と笑えるのも、二人のおかげだった。

秋学期の東京生活は、春学期よりもたくましく過ごせた。

うまくいかないことは多いし、迷うことや悩むことや落ち込むことは何度もある。それでも、「東京って楽しい？」と訊かれれば「まあね」とうなずけると思う。「元気？」と訊かれれば、「なんとか」と笑って応えられる。相撲の星取りで喩えれば、八勝七敗の勝ち越し、かな。周囲からの呼ばれ方はあいかわらず「光永さん」でも、きっと、いつか、誰かに、そうじゃない呼ばれ方もするようになるんだろうな、と楽しみにしている。

だから、年末年始の帰省は、実家に帰る前に祖父母のもとに寄ることにした。クリスマスに合わせて顔を出して、いままでのようにごはんをつくってもらうだけじゃなくて、こっちの手料理もふるまってみよう、と決めた。

春学期はコンビニと定食屋さんにお世話になりっぱなしだった。でも、秋学期は、少し自炊をがんばってみたのだ。その成果を真っ先に披露するのは、やはり、おじいちゃんとおばあちゃんがいい。

先月初めて試した補聴器が合わなかったおじいちゃんと、十月の健康診断で血圧と血糖値に黄信号が灯ったおばあちゃんは、喜んでくれるだろうか。「のんちゃん、ごちそうさま」──この台詞、生まれて初めて言われるかもしれない。

バスは高速道路を降りて、一般道に入った。

外はすっかり明るくなっている。冬場にはぐずついた天気の続くこの地方には珍しく、キン、と晴れわたった朝だ。

おじいちゃん、おばあちゃん、待ってて。

のんちゃんサンタが、トナカイのソリではなく、バスに乗って、まもなく到着――。

めんたいカルボナーラ

めんたいカルボナーラ

ものがたりの舞台は岡山あたりですが、おばあちゃんが福岡出身なのかも、という設定を考えました。そして優華ちゃん（のんちゃん）が、都会の一人暮らしで上手につくれるようになったのがスパゲッティ。ちょっとだけそれが優華ちゃんの自慢です。だからおじいちゃんとおばあちゃんに食べさせたいな！　……と思うのだけれど、「本格的なカルボナーラ」は、ちょっとコッテリしてるかも？　と、思いやる気持ちも。そこで「卵かけご飯みたいな感じで、さらっとつくれば」と、カルボナーラからベーコンを抜いて、辛子明太子と合体させ、大葉とレモン汁でさっぱり仕上げました。

材料（2人分）

スパゲッティ（お好みの太さのもの）―― 160g
辛子明太子 ―― 50g
大葉 ―― 5枚
卵 ―― 2個
パルメザンまたはお好みのチーズ（すりおろし）―― 大さじ3〜4
一味とうがらし ―― お好みで

A
オリーブオイル ―― 大さじ2
レモン汁 ―― 小さじ1

つくりかた

❶辛子明太子の皮を取って、ほぐし、Aの材料と混ぜておきます。
❷大葉をせん切りにし、水に通し水気を切っておきます。

❸沸騰したお湯に1%の塩を入れ（たとえばお湯2ℓに塩20g）、
スパゲッティを茹ではじめます。

❹ボウルに卵を溶いて、チーズを混ぜます。
お好みで一味とうがらしを加え、①の半量を加えます。

❺フライパンに湯を切ったスパゲッティと卵液を入れ、
ゆるければ中火にして、混ぜ、
とろみがつきはじめたら火から外します。

❻①の残りをかけ、器に盛り、
切った大葉をのせてできあがりです。

梅にんじん和え（ラペ）

フランスのビストロのお惣菜である「キャロットラペ」も、優華ちゃんが都会でおぼえた味のひとつ。でもやっぱりそのままじゃなく、梅干しを使い、おじいちゃんとおばあちゃんになじみのある味にしています。

材料（つくりやすい分量）

にんじん————1本（200g）
プチトマト————8個
梅干し（叩いたもの）————大さじ1
はちみつ————小さじ½～1
オリーブオイル————大さじ1と½～2

つくりかた

❶ボウルに叩いた梅干し、はちみつ、オリーブオイルを入れ、よく混ぜ、プチトマトを半分に切り、少しつぶして加えます。

❷にんじんをせん切りスライサーでおろし（あるいは包丁でせん切りに）、①に加え、和えます。味見をして薄かったらさらに叩いた梅干しか塩（いずれも分量外）を少々足してください。（しらすを加えてもいいですよ。）

❸②を冷蔵庫で冷やしてどうぞ。

飯島奈美《いいじまなみ》

東京都生まれ。フードスタイリスト。
フードスタイリングのチーム、
セブンデイズキッチン（7days kitchen）を立ち上げ、
テレビコマーシャルなど、広告を中心に映画、
ドラマなどでフードスタイリングを手がけている。
映画「かもめ食堂」「めがね」「南極料理人」「おらおらでひとりいぐも」
「海街diary」「真実」「すばらしき世界」「ちひろさん」
ドラマ「深夜食堂」「ごちそうさん」
「きょうの猫村さん」「大豆田とわ子と三人の元夫」
「舞妓さんちのまかないさん」などを担当。
著書に『LIFE なんでもない日、おめでとう！ のごはん。』
（1、2、3巻／ほぼ日）
『LIFE あつまる。』『LIFE 副菜 おかず、おかわり！』
『LIFE 副菜2 もうひと皿！』（ほぼ日）
『沢村貞子の献立　料理・飯島奈美』（1、2巻／リトルモア）
エッセイ『ご飯の島の美味しい話』（幻冬舎）などがある。
本書では「前菜」（各月のものがたり）を受けて、
「主菜」として、料理の考案とレシピを担当。

重松《しげまつ》　清《きよし》

岡山県生まれ。小説家。
出版社勤務ののち独立、フリーランスのライターを経て
１９９１年『ビフォア・ラン』（ベストセラーズ／幻冬舎）で作家デビュー。
１９９９年『ナイフ』（新潮社）で坪田譲治文学賞、
同年『エイジ』（朝日新聞出版／新潮社）で山本周五郎賞、
２０００年『ビタミンＦ』（新潮社）で直木三十五賞、
２０１０年『十字架』（講談社）で吉川英治文学賞、
２０１４年『ゼツメツ少年』（新潮社）で毎日出版文化賞を受賞。
ほかの著作に『世紀末の隣人』『流星ワゴン』
『カシオペアの丘で』『どんまい』（講談社）、
『きよしこ』『きみの友だち』（新潮社）、
『トワイライト』『その日のまえに』『きみ去りしのち』（文藝春秋）、
『疾走』『とんび』『かぞえきれない星の、その次の星』
『木曜日の子ども』（KADOKAWA）、
『めだか、太平洋を往け』（幻冬舎）、
『ひこばえ』（上、下／朝日新聞出版）など多数。
テレビ・ラジオドラマ化、映画化、舞台化された作品も多い。
本書では「前菜」（各月のレシピにつながるものがたり）を執筆。

『LIFE』シリーズ

LIFE

LIFE2

LIFE3

LIFE　あつまる。

LIFE　副菜
おかず、おかわり！

LIFE　副菜２
もうひと皿！

IIJIMA Nami — Food and Kitchen Shop

SUPER LIFE MARKET

食にまつわる対談などの読み物とともに、
買い物もいっしょにたのしめる、
インターネットの中のページです。
飯島奈美さんのレシピ・書籍紹介とともに、
飯島さんが使って便利だったり、
「あったらいいのに」と考えた
調理道具や食材・調味料を紹介しています。
お近くのスーパーマーケットのように、
パソコンやスマートフォン、タブレットから、
どうぞ、お出かけくださいね。

https://www.1101.com/life/

IIJIMA Nami's homemade taste

LIFE RECIPE

ほぼ日刊イトイ新聞で紹介してきた
飯島奈美さんによる家庭料理のレシピを、
スマートフォン対応で、
無料でお読みいただけます。
主菜、副菜、おやつ、和洋中の
いろいろなレシピが揃っています。
まずは、この通りにつくってみてください。
まちがいなく、おいしくできあがりますよ！

https://liferecipe.1101.com/

LIFE 12か月

2023年6月6日　第一刷発行

著　者　飯島奈美
　　　　重松　清

写　真　大江弘之

編　集　武井義明　篠田睦美
デザイン　岡村健一
イラスト　加藤千恵子
製作進行　岡田航　岡本加奈子

料理助手　板井うみ　岡本柚紀　吉川由以
　　　　7days kitchen

料理校正　加納めぐみ　斉藤里香　竹内志乃　趙啓子
　　　　鶴見さくら　中原真理子　宮野友里恵　ゆーないと

発行者　糸井重里
発行所　株式会社 ほぼ日
〒101-0054
東京都千代田区神田錦町3-18　ほぼ日神田ビル
https://www.1101.com/

印刷・製本　株式会社　光邦

ISBN978-4-86501-774-8 C0077